光尘
LUXOPUS

谁拿走了孩子的幸福

李跃儿——著

国际文化出版公司
· 北京 ·

图书在版编目（CIP）数据

谁拿走了孩子的幸福 / 李跃儿著. -- 北京：国际文化出版公司，2022.8（2024.4重印）
ISBN 978-7-5125-1394-5

Ⅰ. ①谁… Ⅱ. ①李… Ⅲ. ①家庭教育-经验-中国 Ⅳ. ①G78

中国版本图书馆CIP数据核字（2022）第010869号

谁拿走了孩子的幸福

作　　者　李跃儿
责任编辑　李　璞
出版发行　国际文化出版公司
经　　销　国文润华文化传媒（北京）有限责任公司
印　　刷　文畅阁印刷有限公司
开　　本　880毫米×1230毫米　　32开
　　　　　　印张8.75　　190千字
版　　次　2022年8月第1版
　　　　　　2024年4月第3次印刷
书　　号　ISBN 978-7-5125-1394-5
定　　价　59.00元

国际文化出版公司
北京市朝阳区东土城路乙9号　　邮编：100013
总编室：（010）64270995　　传真：（010）64270995
销售热线：（010）64271187
传真：（010）64271187-800
E-mail：icpc@95777.sina.net

再版序

谁拿走了孩子的幸福

这本书开始于 2000 年。那时我坐在公园里的一棵树下，“哇哇”地开始了这本书的讲述。我的旁边坐着好友作家莲子，之后我的先生大胡子老爹一个字一个字整理了整整一年，终于在 2002 年完成此书。

虽然写这本书时，我们对教育的探索还不是很深，实践经验也没有现在这样丰富，但全书充满了激情，贯穿全书有一种文学式的气场。在读这本书时，人会笼罩在一种心灵的震荡之中，就像听一首好歌，歌词被音乐包裹着，散发出单纯文字所不能企及的魅力。《谁拿走了孩子的幸福》就是这样一本书，尽管不完美，但它像一块璞玉，等待读者去雕琢。

在出版前几版时，我们曾担心读者不能领悟书中的内涵，于是把书中的某些章节打乱，重新组合；也曾摘除过关于课堂案例的部分，使之更聚焦于家庭教育。这样的删改尽管让书的工具性有所增加，氛围却遭到了一些破坏。

2022 年，在初版后的二十年，《谁拿走了孩子的幸福》迎来了第六版。

为了整本书的音调，我们决定在重新打磨文字的同时，恢复原稿的结构和之前删改过的内容，因为那些氛围和音调，或许对读者更有用。在形式上，此次增加了篇章语，为读者点明各章要义，同时整理了孩子们的一些画作插入书中，使用彩色印刷呈现给大家，相信能更添一份纯真与感动。

二十年来，我们生活的这个世界发生了翻天覆地的变化，但不变的是，教育始终是人类向前发展的根基，它不仅仅关系到一家一户的幸福，更关系到整个人类的生存状态。经过多年的实践和探索，中国的教育正在进入真正的发展轨道。越来越多的家长不再按照无知的方法教养孩子，不再沉迷于应试教育，而是提高自身素质，学习科学的育儿知识，尊重儿童成长规律，开始意识到孩子物质身体里的精神存在，以及人格发展的重要性。但是，将真正的教育全面推行起来，让每个家长都把对孩子的了解、对教育的把握深深地渗透到灵魂里，很难一下子就能实现，仍然需要这一代人、下一代人，甚至再下一代，付出长足的努力。

时隔二十年，《谁拿走了孩子的幸福》仿佛被时光定格，不管是多年前还是此时此刻，它都在诉说着我们身边正在发生的故事，诉说着关于教育，关于孩子，关于苦痛与幸福的悠长诗歌。面对真真切切地渴望着幸福的孩子们，我们的教育始终都有一个愿景，那就是在孩子心中建立起幸福的能力，让他们即使面对艰难的环境、激烈的竞争，也能拥有坚强而美好的心灵，生活在幸福之中。为此，我们将继续奋力前行。

此书由国际文化出版公司在原稿的基础上编校后出版，愿这本书能让更多家长了解自己的孩子，愿每个孩子都能健康快乐地成长。

文 / 李跃儿

推荐序

一定要看的一本书

第一次知道李跃儿，是在书店里买到她的《谁拿走了孩子的幸福》（第一版），拿回家后一翻开，居然就放不下了，通宵达旦看完，而后飞奔到网上向所有的人推荐。这种爱不释手的心情，只有当年大学期间看金庸的武侠小说时才出现过；这种恨不得让所有的人都来读的愿望，却是任何书都没有让我产生过的。

在这之前和之后看过无数的教育书籍，未曾有另外一本让我如此激动和兴奋。

看完书，我立刻给李跃儿写了一封电子邮件，向她表达我的敬仰之情，盛邀她来北京。很快我收到她的回复，又很快她来北京找我。见面后，我惊喜地发现，大李的皮肤黑得和我有得一拼；而后又惊喜地发现，这个连 26 个字母都认不全的人，教育理念居然跟我这个“假洋鬼子”不谋而合！

可以这样说，认识大李之前，我还隐约怀疑自己所推行的教育理念是不是过于西化，不符合中国老百姓的常情。认识大李之后，我坚定了这样一个信念：教育这门科学是没有国界的，是跨越种族和文化的，普天下所有的小宝宝，需要从父母那里得到的，是相同的东西。

《父母》杂志社采访大李，就是在我家进行的。这次采访的内容，被我精心保存着。大李穿着我的一件紫色 T 恤，面对镜头绽放她标志性的笑容，心底的善良、胸中的睿智，都藏在那副皱起鼻纹的笑脸上。

后来，大李果然来北京发展，创立了“李跃儿芭学园”，我们俩也成为无话不谈的好朋友。我们一起在杂志上写专栏，一起为电视台做节目，一起参加学术会议，也分头在诸家网站上进行嘉宾聊天。更多的时候，我们俩在电话上、在互访中，一起讨论孩子的事情。

这些年来，看到“李跃儿教育”逐渐得到广大妈妈们的认同、接受和拥护，看到大李的名声越来越响亮，看到芭学园日益壮大，我的喜悦心情难以言表，而对大李的敬仰之情，更是与日俱增。在我看来，大李是真正献身教育事业的奇人，是上天送给孩子和家长的福音，她爱所有的孩子，无论这个孩子如何与众不同。为了救治一些自闭症儿童，她能够做到彻夜不眠，抱着孩子安抚，第二天依然朝气蓬勃地去工作。

大李开办幼儿园，跟别人开幼儿园不一样，她是将整个生命都投入进去了。不仅仅管理幼儿园的所有细枝末节，不仅仅花费很多精力培训老师，更是紧密地联络家长、密集地培训家长，还利用网络技术义务推广她的教育理念。如此浩大的工作量，她单薄的身体，居然能扛下来，已属奇迹。更令人不可思议的是，她的发展道路充满艰难险阻，有时风急浪大，每一处险滩都足以搁浅甚至沉没一条大船，但是李跃儿居然都稳稳当当地走过来了，不能不令人佩服。

这些年来，每当我在工作和生活中遇到困难的时候，都会第一时间想到大李，都会跟她诉说、讨教，她每次都耐心地倾听，细致地帮我分析，真诚地鼓励我。而她跟我诉说的工作和生活中的困惑，每一件事情都严重得足以令我这样神经不够坚强的人全线崩溃，可她总是以那副细细柔柔的嗓音，轻描淡写地说一说，还不忘幽默地调侃一番，多少块绊脚石就那样让她貌似轻松地踢翻了。个中辛苦，可能只有她自己知道，我们旁观的人，怎么也体味不了。

大李在全国各地有无数的“粉丝”，这些拥趸都急切邀请大李去他们那里办讲座、开分园，大李却一概婉拒。她不愿意分散精力，不急于扩张，只想一心一意地做好北京的芭学园，让“李跃儿教育”逐渐发展为一个全面的儿童教育体系。

对读者，我想说：如果你想博览教育群书，我推荐你先看这本《谁拿走了孩子的幸福》；如果你懒得多看书，只想看一本，那我建议你别的书都可以不看，却一定要看这一本《谁拿走了孩子的幸福》。

文 / 小巫

本书源起

捧给你一朵秋天的云

10 月的一个下午，我与李跃儿带着一些好吃的零食，盘腿坐在公园一棵大树下面的绿草坪上，开始了我们的“神侃”。不时有金色的树叶飘下，落在我们的四周。

莲子：记得前几年你老在说要背着画箱去当尼姑……

李跃儿：我不喜欢城市的乌烟瘴气，老设想在九华山的深处有一个小尼姑庵，四周是云雾缭绕的美丽森林。尼姑庵里有一个被木篱笆围起来的小土院。每天早晨起来，扫净院子，背着画箱到森林里听着鸟叫，画那些有灵性的树，中午回来吃一顿小沙弥做的可口素斋。但这一切都得等到把儿子养大、安顿好先生与父母之后才能实现，所以我有点怨天尤人。后来我发现，城里也有这样的地方，像自然一样美的、充满着大树一样的灵性与鸟语花香……

莲子：那是什么？

李跃儿：孩子的心灵。

我很喜悦地说起李跃儿这个名字。

李跃儿生于20世纪某个愚人节，上天却偏偏赐给她一颗聪慧的心灵。她最大的天分在于怎样让别人快活。她能将生活中那些最不起眼的芝麻绿豆炒得绘声绘色、出神入化，让你乐得一塌糊涂。在她的身边，庸常的生活就是一个取之不尽、用之不竭的快乐矿藏。这绝不是我在夸张，不久，你就会从这本书中领略到她真正的风采。

我还想说的是，十年前，我是以李跃儿的先生徐晓平的朋友的身份到她家做客的。那是一个夏天。我喜欢睡在地上，跃儿给我打了地铺，并在我枕边插了一朵从墙角采来的野花，我便在那股芬芳中酣然入睡了。那是一个在我生命中被记住的美丽的夜晚。

从那以后，我成了李跃儿家的常客。李跃儿是个爱家、爱子、爱丈夫的女人。当然，她也爱画。一朵秋天的云、一棵老树、一道悠远的渠坝，在李跃儿的画布上，都显得典雅超然，余音袅袅。不过，你要是赞美她的画，顶多能博得她的微微一笑；你要说她是贤妻良母，一定会博得一顿丰美的晚餐。

这个可爱的家伙在做厨娘之余，便是为一个名叫英英的咸阳女人写信，十几年不间断。这种古典的做派长时间赢得了我的嫉妒。李跃儿的文字也有着化腐朽为神奇的魅力，常常让英英全家“三月不知肉味”。

李跃儿还有一项爱好，就是教孩子画画。每逢节假日，她家客厅里塞满了遍天下的“桃李”，跃儿被捧在中间，威仪四射，又满目慈爱，倾听孩子们讲述外面的世界。据说跃儿的学生连续十一年全都考上了大学，被中国各地的美术院校录取。

对此，我不以为然。我经历过高考，清楚能让我考上大学的是什么质地的材料。后来我毕了业，站在讲台上当起了老师，面对一双双渴望的眼睛，我本该是清泉，可我的心却像沙漠一样干枯。我羞愧地逃离了讲台，开始真正成为一名学生。我在书房、人群与山水之间修复着自己。我心灵缺营养的程度远远超过了肉体。我被许许多多的老师教过，但没被育过。近十年过去了，我依然如饥似渴。

1999 年春天，李跃儿在电话中对我说，她绷了一百个油画框，准备好好过过画瘾。她家旁边那个摇篮一样的小湖快要被一个目光短浅的旅游商糟践了。

2002 年秋天，我回到老地方，一见跃儿便要看画。跃儿说，她搞教育了，不画画了。与其在画布上挽留风景，还不如在孩子心灵中种植美的种子。

这时，我看见李跃儿浑身洋溢着舒展甜美的幸福，俨然一个被爱滋养过的新娘。

我情不自禁地说："好啊，搞教育好！"

作为一个渴望被教育的人，我急迫地想了解她教育的内幕。

于是我们没边没际地聊了起来，在客厅、餐桌、被窝、深秋的落叶堆中，还有李跃儿的艺术与科学教育中心。

我倾听了一个星期，我惊喜着，沉浸在一种可以称得上是幸福的享受之中。我深深感觉到，这个女人的心灵深处确实充溢着一个可以育人的矿泉，也就是那种我在当教师的时候所欠缺的生动活泼、随机施教的智慧，还有她那充沛的爱心。

爱是她教育的背景与根基，远远近近地环绕着她，祝福着她，使她不论从哪里出发都会回到爱、回到智慧的基点。她的一言一行都像春雨一样滋润着孩子的心灵，滋润着她周围的空气……

我无法说出更多的话，我只要把那矿泉里涌出的几滴水捧到你的面前，也捧给这个教育的时代。同时，我也把如同秋云一般的李跃儿捧给你，滋润你的心灵……

文 / 莲子

目录

第一章

天使，还是上帝

儿童就像伊甸园里的亚当和夏娃那样，还没有发展出表达自己心灵的语言，也没有发展出表达心灵的方式，更不会隐藏和掩饰自己的心灵。这时的心灵是最纯洁、最美好的，就像最珍贵的艺术品一样，需要成人用心思、用灵魂好好感悟。

1 身后的小影子

/ 张紫昊（7 岁）作品

睡着了

我讲个故事，一个名叫杨一帆的 5 岁女孩，她被送到我这里来的时候就像睡着了似的，无论老师讲得多么有趣她都没有反应，画画也是一样。

杨一帆被爷爷奶奶带成了“问题孩子”，老人一天到晚把她抱在怀里，不让乱跑，怕摔着，也不与孩子交流。这样，她就很少得到必要的刺激，大脑被闲置了，荒芜了。

当我把这个发现告诉孩子的妈妈时，她非常生气，以为我说她的孩子是智力障碍者。在我讲清智力障碍者与不会思维的区别之后她才舒了口气，但她也意识到了问题的严重性，赶紧把孩子接回了家里。由于不懂教育，不能很好地理解“儿童教育其实就是帮助儿童成长”这样的道理，只知道画画可以开发孩子的智力，就找来简笔画逼着她拼命地画。一只小鸟要画五遍，直到完全背下来。这样反而使情况更糟，因为孩子一来到班里，只要妈妈不在，她就什么都不画了。

醒来了

在班里，我们想了好多办法，比如活跃她周围的气氛，不停地与她周围的孩子一起说笑，给他们改画，使其尽可能多地受到影响。

有一次，一个孩子问：“老师，树怎么画呀？”那个孩子正好坐在杨一帆旁边，我走过去，说：“树嘛，太好画了！你瞧，拿上笔，这样，呜、呜、呜，乱绕，三绕两绕，不就长出一棵树来了。”

杨一帆一咧嘴，有了反应。

我得趁热打铁。到了评画的时候——我们有各种各样的评画方法——为了杨一帆，那天我专门安排了点击的方式，就是将画贴在黑板上面，让孩子依次来到黑板跟前，认为哪幅画画得最好就用小棍朝画点击一下。如果哪幅画被点击的次数最多，作者就算优胜者。全班的孩子一起高举起大拇指齐声大喊：“耶——”

孩子们纷纷上来，有的上来两三次了，但是杨一帆仍然坐着不动。我说：“杨一帆，你愿不愿上来点击一下？”她听了很紧张，呆呆地望着我。我说：“杨一帆，该你了，小棒子给你。”我的话刚说完，就见她抬了抬屁股，我想着她八成不会起来，没想到她竟然站起来了！尽管磨磨蹭蹭地，惶恐不安地，但还是走了上来，接过小棒，转身在一幅画上面点了一下。我笑着对全班说：“杨一帆真勇敢，大家为她鼓掌！”全班“哗”地拍起巴掌来，这一下，杨一帆像是突然醒来了，活了，下去了还要上来，连续上来了5次，而且点击的都是同一幅画。

她不是为了点击画上来的，她是在体验举手、点击以及从没有过的在大众面前表现的那种感觉，这一点可能连她自己也不明白。

一声鸟鸣

有一天我们上故事课，就是先讲故事，讲完了再画成连环画，课名叫《三颗纽扣》。“三颗纽扣”是故事主人公的名字，他是一个木匠，独身一人，有一天他为自己造了一所带轱辘的房子，每天拉着房子挣钱糊口。

有天晚上三颗纽扣正在睡觉，天下起了大雨，突然听到有人敲门，他问：“谁啊？”外面的人说：“雨太大了，请让我进屋里避避雨吧！”三颗纽扣说：“实在对不起，屋子太小了，只能容下我一个人。”外面的人说：“能容下一个就能容下两个，让我进来吧。”三颗纽扣听了觉得没办法拒绝，尽管屋子实在没法挤下两个人，但还是把门打开，那人就进去了。

刚一会儿，又有人敲门，说：“让我进去吧。”三颗纽扣说：“这个屋子只能容下一个人，现在已经两个人了。”那人说：“能容下两个就能容下三个，让我进去吧。”就这样，一个领着两个孩子的妈妈、牵着一匹马的国王以及大臣、侍卫全进来了。

一声鸟鸣，天光泛白。国王被三颗纽扣的行为感动了，心中的爱也被唤醒。他说：“为什么这间小屋能够装下这么多人还不显得拥挤呢？原因来自主人的爱心。因为他的爱心没有边际，所以小屋的容量也就没有边际。”

他请屋里所有的人来到王宫，用丰美的食物款待他们，还赏了他们好多好多的钱财，给无家可归者建了房子，为没有工作的人分配了工作。

我们用凳子也在教室中间搭了一间小屋，让一个孩子扮演三颗纽扣，让其他孩子扮演乞丐呀、国王呀。孩子们简直乐疯了，一个个迫不及待地往小屋里钻，直到把屋子撑破。

雨过花开

表演完了，我让孩子们把这个故事用连环画的形式画出来。刚说完，杨一帆一下就听明白了！忽地跑回自己的座位上，拿起纸分成格，开始画了：第一幅，画了一间小屋，屋子跟前有一个很小的蚂蚁人——这么大点的孩子正是“蚂蚁人”时期，画的人全像蚂蚁，两个小圆圈上面长着两根小触角，小得几乎看不见，只有常常接触儿童画的人才能注意到。第二幅，还是那座小屋，但是小蚂蚁人不见了。第三幅，还是那座屋子，小蚂蚁人又出现在房子外面。第四幅，房子外面开了一朵好大好大的花。我看了，幸福得不得了……

她画的什么意思？第一幅，三颗纽扣在造房子；第二幅，下雨了，三颗纽扣进了自己的房子；第三幅，别人来敲门；第四幅，雨过天晴，花也开了。

这就是说，不但孩子画画的兴趣被激发出来了，思维打开了，更重要的是她作为人的那颗“心”被激活了，美好的、诗意的品质就像清泉一样，从她的心里流淌出来了……

此花非彼花

杨一帆的爸爸来接孩子，一看画，脸拉下来了，说："李老师，我的孩子来这里是为了学习新东西的，可是一个多月了，也没见你教她什么。在家里，她画了半年的房子和花，在这里，画的还是房子和花！"

我听了非常伤心，我说："我看过你孩子以前画的画，她那些房子和花与现在画的房子和花一样吗？以前她画的只是一些程式化的符号，既没有感知，也没有思考，更没有创造。今天的房子和花已经完全不是那样了，已成为表达一个情节与思维过程的手段了，孩子的心灵被激活了，难道你看不出来？"

他依旧虎着脸，不再往下听，拉起孩子就走。

本来我想，这孩子再也不会来学画了，没想到第二个星期她又来了，是她的妈妈领她来的。我对她妈妈说："你这孩子我不能再收，你还是重新找个美术班吧。"

到下个周末上课时，我们专管负责咨询的老师进来喊我，说："李老师，杨一帆的妈妈有话要对你说。"因为正在上课，没有太大的事我不能随便离开。我问什么事，咨询老师说："孩子的妈妈说，上次谈话之后，她怎么也想不通，她说我们既然是搞素质教育的，就不能因为家长的过错而把孩子往外推。我跟她谈话的第二天她没上班，请了假，专门在家给我整整写了一天的信。"我一听，觉得事关重大，赶紧安排其他老师上课，我去见这位妈妈。

我让她坐在我的对面，拿出一张纸，边画边说。我用了很长时间，给她讲通过观察、感受加上创造画的花和房子与没有这些的花和房子之间的区别。

之后我说："为什么孩子不能画简笔画，更不能像写字那样把一幅画背下来，那样孩子就不会观察，不会思考，也不会创造，虽然看起来她画出了家长想要的画，但是这个画画的过程不是在帮助孩子发展，而是在阻碍孩子的发展。

"如果你们要求我们用'教'的方式而不是'培养'的方式，只要求学技术而不是关注她内在心智的成长的话，这样的班到处都是，你为什么要把孩子送到我这里来呢？你既然把孩子送到这里，而你们的观念又不能改变，我这里一套，你那里另一套，这样孩子就会无所适从，会被严重扭曲的。你的孩子在我们这里得到极大的赏识，因为她不是简单地、符号式地去画房子和花，而是创造性地运用了房子和花，得到了老师们的夸奖，我们高兴得忍也忍不住，抱着她欢呼。可她的爸爸却当着孩子的面指责她没有在我这里学到东西。孩子听了怎么想？她完全被搞糊涂了，从山尖跌到了低谷，不明白这是怎么回事。

"我们在这里培养她画自己认知的东西，你呢，赶紧找来一个公式让她很快能画出一个程式化的小鸟。你把我们给孩子好不容易培养起来的挖掘自己内觉的兴趣全给破坏了，还把你的孩子给扭曲了。要是再这样下去，画画学不成还在其次，严重的还会给孩子造成人格上的分裂，不能完善自己，不能形成统一意识。你想要你的孩子成为什么样的人？是只能积累知识的工具，还是成为一个真正的、有智慧的人？"

听到这里，她笑了起来，说："李老师，以前你讲了几次我都不明白，今天我明白了，你就按你的方式教吧，这封信我也不好意思给你看了。"

从这以后，杨一帆的父母再也没有干涉过我们的教学，而孩子也发展成我这里最优秀的孩子之一。上个月我还专门给她写了一封信，寄到她妈妈单位，让妈妈转给孩子。接到信后，杨一帆让妈妈给她读了两遍，还让妈妈请我去她家做客。

独一无二的送礼方式

在这之前，有天早晨，我正准备上课，杨一帆来了，站在门口，她妈妈站在她的身后。这孩子脸拉得很长，极其严肃的样子。我心想：她怎么了？是不是又遇上了什么不痛快的事？正要跟她说话，突然瞥见她的手一扬，紧接着有个东西掉在了我的脚边。我低头一看，哟，原来是一个像钢笔套一样的非常独特的小海贝。

我弯下腰捡起海贝的那一瞬间突然意识到这个东西肯定是送给我的。我就拿起海贝，用拇指和食指举着，问她："送给老师的？"她脸上毫无表情，连个微笑也没有。她妈妈急了，在后面推她："快说呀，早晨给老师准备的话怎么不说了？"就见孩子脸上的表情越来越紧张，快要哭了的样子……

孩子的行为已经把一切全都说明了，为什么非要说呢？在成人的意识里，这时候一定要表白几句。孩子送你礼物完全没有什么功利方面的目的，这种独一无二的送礼方式说明她此时的心情就像赤身裸体奔跑在伊甸园里的亚当和夏娃一样，纯洁得没受一丝污染，她唯一的目的就是把这个礼物送到你的手里，让你像她一样为拥有这个美丽的东西而高兴。我能感悟到孩子内心的这种美好，心里热乎乎的。我说："杨一帆，你这个礼物老师非常非常喜欢，谢谢你。"说着，我便在小海贝上亲了一下。孩子这才如释重负，长吁了一口气，但是脸上仍然没有表情，背着画夹走向自己的座位。

后来，听她妈妈讲，暑假她带孩子到北戴河旅游，杨一帆捡了好多海贝。一般的海贝都是螺旋形的，唯有这个是这样的，她也最珍惜，说要把这个最漂亮的海贝送给李老师。送的那天早上妈妈还教了她好一会儿，怎么送，送的时候怎么说，用什么样的方式送到老师手里。结果，在见到我的时候，她只是把它扔到了地上，一声不吭。

用她妈妈的话说，因为紧张，杨一帆把商量好的方式全都忘了，教的话也说不出来了，可在我看来，孩子这样的表达方式反倒更加感人。

为什么我一直给老师强调不要用强行管束的方式对待孩子？为什么我说不用强行管束也能使孩子很棒、很尽力、很守纪律？因为只要你爱孩子，用你不是做出来的，而是发自内心深处的真挚的爱来对待孩子，孩子也会与你"交换"，用同样真挚的情感"回报"你。这样的情感就会促使她发奋努力、遵守纪律。就说杨一帆给我送海贝这件事，那是人类最纯粹、最原始、完全发自内心的真挚情感。孩子就想把这个东西送给你，没有任何其他目的。

成人送给别人东西，其最高、最纯洁的目的，是表示对你友好，以换取你对他的友好。低一点，就有其他目的在里面了。比如，送给当官的，就是想求他办事；送给医生，是想让他多关照……送的时候要讲究礼数，说上一堆好听却没什么用处的话。没有人送你东西时“哐哧”一声扔下就走是吧？但这就是彻彻底底的人类最美好、最原始的情感。如果说她有什么目的的话，那就是想让你拥有这个东西，想与你共同分享自己的幸福。这是她的唯一心愿，不想得到任何回报。

对于老师来说，没有比这样的礼物更珍贵的了。正因为珍贵，总想藏到一个保险的地方，藏来藏去藏不见了，以后再也没找到。我一直特别想念，直到现在，我的脑海里总是浮现出小海贝那样的颜色、那样的样式……

又过了几周，有天上课……那节课也很有意思，就是将两人组成一组，让一个孩子躺下，另一个孩子用粉笔把他的轮廓描到地板上，然后再画上细节。孩子们快活极了，嬉笑着完成作业。有个新来的孩子说不会画身上的花，我走过去，拿起粉笔说：“嘿，这还不容易，就这样用粉笔绕嘛！”我边画边唱，唱着《蜡笔小新》的调子：“我滚来呀滚去、我滚来呀滚去！我一绕呀一圈、我一绕呀一圈！三绕两绕，花就开了，一朵一朵的，很快绕成一件花衣服了。”

正绕得高兴，突然觉得有个东西在我的身上砸了一下。因为当时我是全身俯在地上的，所以一眼就看见是什么东西了。那是一个深蓝色、亮晶晶、非常廉价的小金属片，下面还挂着两个小珠珠。

好多年来，我不断地收到孩子们送的各种各样的礼物，送礼的方式也千奇百怪，我知道，这又是哪个孩子送我礼物了。但是是谁呢？

在我捡起礼物的同时，目光向全班搜寻，结果看见躲在其他孩子后面的杨一帆……

从她的目光中我知道这礼物肯定是杨一帆送的。那种目光，像是对我特别不满！我向她点点头，把那个礼物放到头顶上面，表示我已经知道了。本来，我想着忙完之后再去向她表示感谢的，可是当时班里很乱，许多孩子要我参与他们的活动，三忙两忙就把这事儿忙忘了。

过了一会儿，我转到杨一帆跟前，问她在画什么，她说也在画花。我便跟她一起画，一边画一边跟她说话。刚讲了几句，她突然说："那是胸花！"然后又低头画画。这时，我才想起她送给我的小礼物——还顶在我头上。我不知道那是胸花，感到非常惭愧，就赶紧取下胸花别在胸前。

身后的小影子

然后，我到另一个班去辅导，但是总觉得有个小影子在门口晃来晃去。回头一看，是杨一帆，她两只小手抓着门框的两边，两条小腿踢来踢去，眼睛在偷偷看我。可是当我转脸看她的时候，她立刻又把头掉向一边。后来，我又来到另外一个班，还是觉得门口有个小影子晃来晃去，一看还是她。我以为她只是随便看看，就没在意。

做完了这些，我回到咨询桌旁，与一个家长讨论孩子的问题，杨一帆再一次进入我的视线……我心头一惊，突然明白几乎一个下午她总是像个影子一样在我的身后跟来跟去的原因了！她是在观察我戴的胸花呀！她是在欣赏我戴上胸花的那个效果！

那天我正好穿了一件浅蓝色的上衣，配上那支深蓝色的胸花的确很和谐，也非常美。

我心里温暖得不得了，这种感觉就像我回了娘家，我的老父亲来开门，看见是我，不说一句话便出门去了。我不知道他去干什么，等他回来，手里提着许多好吃的蔬菜。因为他知道女儿不爱吃肉，所以专门上街买菜。而现在，这个 5 岁的孩子杨一帆，她对我的爱就像我的老父亲一样。

放学的时候，孩子的妈妈来了，她说："杨一帆，礼物送给老师了吗？教你的话说了没有？"

从她妈妈嘴里我才知道，这个小胸花，也是杨一帆最最珍爱的宝贝之一……

欣赏美丽心灵

我说我发现在城市里也有这样的地方，它像自然一样美，充满着大树一样的灵性和鸟语花香，指的就是这个。人们一般只会欣赏美景，却很少有人想到欣赏美丽的心灵。美丽的心灵比美丽的风景更美，更能给人带来满足与幸福的感觉。那天，要是我没反应过来，不但会失去一次欣赏美丽心灵的机会，还会给那颗小小的心灵造成伤害……

可是现实当中，成人对于孩子大都只注意他们的身体和学习，很少注意背后的那个心灵。成人这样做就会像一个无情的割草人一样把美好的东西割掉了，把孩子天生的、美好的品质给扼杀了。这样下去，随着孩子的成长，他们的心理问题就会越来越多，人格、品质也会出现问题。就拿我来说吧，作为教育者，竟差点没有发现杨一帆几乎一个下午在我后面跟来跟去的原因，差一点没有反应过来！而当我反应过来的时候，真是惭愧极了，自责得不得了……

我扑了上去，张开双臂，一把将她揽在怀里。我说："杨一帆，瞧，多漂亮。"这孩子一下子高兴得不知如何是好。她伸出舌头在下嘴唇上舔了一下，傻傻地笑着，然后猛地跑开，再也没有在我的身后出现。后来我想，杨一帆之所以像个影子一样跟来跟去，不就是企盼着这样一个肯定吗？

2

爱是教育的前提

/ 张璐（8 岁半）作品

感悟童心

我一再要求我们的老师一定要感悟童心，因为儿童就像伊甸园里的亚当和夏娃那样，还没有发展出表达自己心灵的语言，也没有发展出表达心灵的方式，更不会隐藏和掩饰自己的心灵，这时的心灵是最纯洁、最美好的，就像最珍贵的艺术品一样，这就需要成人用心思、用灵魂好好感悟才行。孩子在表达他心灵的时候无法使用成人已经惯常使用的语言与方式，而是用自己的语言与方式来表达心灵，这就是艺术。

我发现孩子在表达自己心灵时所创造的语言就像艺术大师一样，充满着独特与灵感。比如，毕加索的《格尔尼卡》，我们能够强烈地感受到画家对于法西斯暴行的愤怒以及对受害者的同情，但它的形式又是那么独特与新鲜，这就是“有意味的形式”，真正的艺术品都得符合这样的条件。

一些成人无法站在孩子的角度看待孩子，他们看待孩子的方式与其说把他们当成孩子，不如说把他们当成宠物或者植物，或者自己的私有财产，而不是一个“人”。这就是成人不能从内心感悟孩子那颗心的深层原因。孩子虽然是我们自己生的，但他又是属于整个社会的，我们对他们的教育不仅仅关系到一家一户的幸福，更关系到整个人类的生存状态。

只要教育者能够真真切切地感悟童心，他就能与被教育者建立一条心灵的通道，与他心心相印、息息相通，从而形成一种氛围、一种气息。

当你走在街上，看到一对夫妻，如果他们是相爱的，即使不拉手，也能感觉到从他们身体里散发出的那种融洽的气息。如果感情一般，即使靠得再近，你也感觉不到那样的气息。这个道理同样适用于教育。当教育达到一定高度的时候必然会产生很好的氛围，我想，凡是好的教育都会带有这个特征的。一旦产生了好的氛围，教育就会进入良性循环：主要不是靠老师教，而是形成一种环境，像空气一样使孩子得到滋润。

在爱的基础上

对我来说，爱不是教育的一个部分，而是教育的前提。教育必须要在爱的基础上建立，少了爱就无法实施教育。老师只有爱孩子，才能找到适合孩子的内容和方法，这样孩子才能接受你。

而在当今的教育中，一些老师与家长都把自己置于孩子之上，教育者与被教育者之间形成一种对立的关系，这怎么行呢？我看过一篇文章，题目是“老师的几句话让我放弃了物理学”。作者讲，在她初三的时候，物理老师是个刚出校门不久的年轻人，有天下午上物理课，老师发下来头一天做的作业。她有一些做错的地方，被老师叫到黑板前面重做，她又没做对。于是老师大加嘲讽：“是谁叫你这么做的？你真是笨到了极点。我从来没有见过你这么笨的学生。不知道你的父母是怎么把你生出来的！”老师骂她的时候，全班同学都在看她，使她受尽了羞辱，从此，她的物理成绩再也没有好过，而且一想起物理都恨得咬牙。

或许这位老师是恨铁不成钢，他想刺激她，但他的出发点错了——不是由爱出发，而是由恨出发……

由恨出发，就会失掉教育的前提，导致教育的失败。孩子需要的是呵护与鼓励，老师这样做只能使她受到伤害而自暴自弃。

当婴儿如饥似渴的时候

爱对教育的意义就像光，始终照耀着整个教育的过程。那是人的天性，在我的感觉里，它就像空气，被我呼吸着。我已经意识不到爱的存在，如果刻意去强调它，反倒不正常。比如说心，心本来具有爱，但是人们还是要在前面加个爱字，成了“爱心”，这是头上安头。

之所以这样，是因为爱越来越稀少了，人人都感觉到了这种精神上的干枯，爱发生危机了，所以才被专门提了出来。就像走在街上的美女，如果意识不到自己是美女，她就是真正的美女；如果意识到了，那种魅力也就不存在了。同样的道理，身为教育者，意识不到自己的爱，这便是真正的爱。

爱这种东西实在难以言说，尤其在实施的过程中，更无法用语言表达。这种东西太难说清楚了。就拿我来说，我很难清醒地感觉到爱的存在。当一个婴儿在如饥似渴地寻找奶头，我想任何女人见了都会愿意把奶头赶快塞到他的嘴里。就是这样的情形，一秒都等不及。你分辨不清到底是爱孩子还是爱自己。

心中的莲花

作为教育者，爱里面要有很高的文化、智慧的含量，否则，他的爱甚至连“愉悦孩子”这样最最简单的目的都不能达到。

人类天生需要文化与智慧，我觉得人类对文化、对智慧的需求就像对黄金的需求一样。你说人这种动物为什么偏偏喜欢这样的金属呢？黄金在金属家族里并不是最有特色的，为什么整个人类都要用它作为价值标准？我想肯定是有原因的。有时候我想，可能真的存在上帝，他在造人的时候将“爱好黄金”这样的信息输进人的遗传密码中了，同时，也把“爱好文化”“爱好智慧”“认为精神享受才是真正的享受”这样的信息输入进去。如果教育不能给孩子提供这样的东西，孩子的心灵就不能得到愉悦。

有一次，我让一个刚刚经过培训的老师试讲，那是一节逻辑思维课，她让全班的孩子集体创作故事。只提供了故事的名字《莫格太太的猫》和开头的几个因素，然后一人一句往下编。一个孩子说：“猫在炉边烤火，烤暖和了就地撒了一泡尿。”孩子们觉得很好玩，都大笑起来。又有一个孩子说：“猫撒完尿感到有点冷，回来重新烤火，烤着烤着又拉了一泡屎。”全班还是大笑。

接下来，猫又烤火，烤暖和了又要撒尿，撒完尿了又要拉屎……重复来重复去，最后连他们自己也觉得没意思了，眼看着班级的整个状态越来越低，有的开始乱吵，有的开始胡闹，屁股啦，尿啦屎啦，嘴里全是这样的词儿，班里成了一锅粥。我一看不行，立即上去，只一会儿，就把孩子们从那种状态里拉出来了。

如果是个有智慧的老师，如果拥有智慧的爱，他的课堂就能让孩子心中开出莲花。

天使，还是上帝

还有一点很重要，就是作为一位教育者，应该是天使而不是上帝，要与孩子平等相处。你是农民，我就以农民的方式与你交往；你是大师，我就用大师的心态与你交往；你是孩子，我就用童心跟你交往。教育者要放下架子，与孩子形成一种朋友式的平等关系，这一点非常重要。如果老师能够这样做的话，孩子就会被爱包裹起来。当他提着书包跟着妈妈往回走的时候，浑身都会充满幸福感。

一些成人总是在扮演伊甸园中上帝的角色：既然上帝创造了亚当和夏娃，就可以任意处罚；那么父母创造了孩子，孩子就得唯父母之命是从。这就是现今大多数家长的观点。他们对孩子拥有无上的权力，孩子的一切都被他们设计好了，而不管这样的设计是否正确。孩子没有任何选择的余地，只能被迫接受。在这样的情况下，哪能奢望他们理解并感悟那颗幼小、脆弱的心呢？成人的感悟是孩子心灵力量的源泉，得不到成人的感悟，孩子的心灵就会失去力量，就会干涸直至变成沙漠，这也是现在培养出来的孩子普遍缺乏人格力量以及精神支柱的缘由所在。

比如，孩子在学校里因为考试成绩不好刚刚挨了一顿斥责，心里非常难受，进了家门父母又是一场冰雹，把那个伤口撕得更大了。孩子是没有办法抗争的，只能默默忍受，忍受的后果就是创伤与扭曲。

世界上很难找到不爱自己孩子的父母，但为什么许许多多的孩子心中疮痍满目？关于这一点，我想每一个做父母的都会找出一大堆理由，最终证明他之所以那样做全是为了孩子……

我认为，这是因为他们的爱是上帝之爱而不是天使之爱。一个人，尤其是一个母亲，让她具有强烈的爱是非常容易的，但是，光凭这一点远远不够。在我们教育中心，我常常说，作为老师，首先要有看见一个孩子你心脏的肉动了一动、爱得眼睛都拔不出来的爱心，但是光有这一点是绝对不行的，光有这一点是不能做一个合格老师的。如果忽视了孩子的真正需求，你会爱得不到位甚至错位，爱出许许多多不好的后果。

第二章

棍棒之下出“逆子”

爱的缺失会产生惊人的摧毁力。当通向爱的渠道受到阻隔而处于干涸状态时，反作用力就会像沉睡的火山那样喷发并演变成暴力。暴力，是爱受到挫折的结果。父母若不能给自己的孩子充分的爱，或迟或早都将付出沉重的代价。

1 柔情如钢

/ 刘蕾（12 岁）作品

柔情如钢

在很久以前，所有老师、父母能犯的错误我都犯过，那个时候，虽然我是兢兢业业的，但是从孩子眼里面发出的不是被爱过的光芒，而是被摧残过的黑暗。对儿子我也这样。我决心从事教育事业，也与我曾经犯的错误有关。我的教育观就是在我的错误里面生长出来的，是我一步步反思出来的。

就说儿子……我曾是位糟糕的母亲，因不懂儿童的世界，不懂教育，因而与学校的老师一起对他进行无尽的“折磨”……

记得有一次，我跟先生一起把儿子赶出家门，说不要他了。儿子两手死死拉着门把手，到现在我脑海里还时不时地浮现儿子绝望的眼神。我们两人一个拉，一个把他的手往起抠，直到把他推到门外为止。

原因是学习不好，老师叫家长了。我和先生去学校挨了训，回来便问他为什么不好好学习、为什么不做作业，怎么问他都不吭声。我说算了算了，不要这个孩子了，朝他大喊大叫，把他往外推。我儿子先天身体就不太好，6 岁时看上去就像 4 岁的孩子一样。

儿子从上幼儿园起老师就经常反映，说他上课不听讲，自己不穿衣服。其实那时儿子正是到了执拗敏感期，我们当时还不知道。

现在想起来，幼儿园老师做得也不对，中午他们让孩子脱了衣服睡觉，怕把被子弄脏了，其实 3 岁的孩子脱了衣服再穿是很麻烦的。老师向我反映儿子不穿衣服，我就觉得丢人，觉得他故意撒懒，于是对他喊：“你为什么不穿衣服？为什么？”孩子浑身发抖，两只眼睛瞪着我，他被吓坏了……

后来有一次，幼儿园老师说我儿子上课不看黑板，怎么说也不听，让我带他到医院检查一下，看看脑子有没有问题。我绝望得不得了，回到家我问他：“为什么上课不看黑板？”他说老师不让动糖。现在想起来，那位老师根本不懂得儿童的特点——幼儿园午睡起来要发吃的，那天发了两块糖，因为平时在家里我们一般不让孩子吃糖，怕吃坏了牙，所以他觉得糖很珍贵。这个老师不让孩子吃完糖了再上课，而是让孩子上完课再吃糖，还不让动，3 岁半的孩子哪能忍得住呢？幼儿园桌子并不像学校那样摆着，要是儿子看黑板，就得背对着桌子，这样，常常听完课后他的糖已经被其他孩子拿走了。既然老师不让动糖，他就用眼睛盯着。这其实是一种智慧的表现，当时我却没意识到。

我想，我与天下所有的母亲一样，都是爱自己的孩子的，我心中并不是没有作为母亲的柔情，但是我的柔情是以一种钢铁一样的形式显示出来的，我以为这样就能把儿子教育得很优秀，直到把儿子折磨成“小木头人”。比如，有次接他回来，削了个苹果放在他的腿上，他说妈妈，我的腿臭。我突然想到是不是拉裤子了？用手一摸，硬硬的一块！从幼儿园到家，那么长的一段路，又是冬天，儿子坐在自行车的后架上面，屎在屁股底下该多难受啊！一个 4 岁的孩子，遭了这么大罪都不敢吭声，你能够想象到孩子成了什么样子了吗？！

儿子的打工生涯

现在我为什么要把教育家长看得比教育孩子还重要，就是因为我有这个体会，我是从那个误区里走出来的。我知道孩子的状态就是父母的状态，孩子的原因就是父母的原因。

可那时我不懂得这个道理，不知道善待孩子才能有利于他的成长，不了解儿童的成长机制，完全按自己无知的方式教他。

那时候，每天写作业时我总坐在旁边盯着，越盯毛病越多。书包杂乱无章，本子没一个是好的，考试成绩总是全班倒数第一。由于先天不足，他的手指一点力气都没有，所以写的字很淡，几乎看不见。因为无法正确握笔，无法保持书写速度，所以常常被老师留在班里写没写完的作业。有时候，老师会派学生把我的儿子送回家，说不让他上学了。每次遇到这种情况，我都会把儿子批评一通。

有天早上，我发现儿子的课堂作业本还在家里，问他怎么回事，他显出一副犯了错误的样子。再三盘问之下，他才承认课堂作业根本没写。我和先生马上带着他去问老师，老师都在苦笑，搞得我俩非常狼狈。一气之下，我们将他领回家，说不让他上学了，以后爱干什么就干什么去。我俩想着他应该害怕才对，因为我们一路上把前因后果都向他讲明白了。

第一天他在家里看电视，看完电视就看闲书，过得十分自在。第二天仍在看电视。到中午了我一看不对，就将书和天线全都收了起来，放到他够不着的柜子顶上。于是他便在屋里转来转去，直到无聊得想起看看课本，又被先生骂了一顿：“学都不用上了，看课本有什么用？”

晚上回来，看见他满院子找蚂蚁玩，我跟先生说：“这样不行，得再想办法。”先生发愁地说：“干脆送他去打工吧。”我们联系了一家熟人开的小饭馆，私下里给老板说明了情况，讲定不能有丝毫的怜悯，早晨送去，晚上接回。

接儿子回家时看见他系着花围裙坐在一只小板凳上剥葱，路上我问他剥了多少根葱，他说三十六根，还有一根没有剥完妈妈就来接了，要是再有一会儿就能把那根葱剥完。这句话让我的心全凉了，心想：求老天保佑，千万别让他一辈子剥葱。

这就是我儿子的打工生涯，那年他才 8 岁。

爸爸，我想对你说

在对待儿子的问题上，先生的做法更为过分，动辄打骂，他们两个就像仇人似的，儿子当面不敢说，就在作文里面骂他。有次先生见门后垃圾桶里有个揉皱了的纸团，展开一看，是儿子的一篇作文，题目是“我的爸爸”。我的爸爸有两撇小胡子，爱穿牛仔服，成天喊着瞌睡的、瞌睡的，好吃懒做，爱打呼噜，吵得我妈不跟他睡了，这个人品质不好！先生当下就急了，把儿子叫到跟前，质问道：“你怎么拿这种眼光看爸爸？爸爸难道就是这种品质的人吗？爸爸每天工作到深夜，所以白天才睡觉。这是爸爸的工作习惯，你怎么认为品质不好？”

他开始检查儿子的作文，看看都写了些什么，结果有一篇“爸爸，我想对你说”，他看了之后，半天没有吭声。

这之后，他开始到外地做事，好多天没回过家，我带着儿子去看他，发现他对儿子的态度完全变了，变得温和、有爱了。在我的记忆当中，他第一次跟儿子开起了玩笑，并且闹到了一起，还在地上爬来爬去地让儿子当马骑，用椅子推着儿子满地跑，第一次两个人玩得嘎嘎直笑。回来后，儿子第一次说想爸爸了。我很奇怪，问先生怎么回事，这才知道，这个阶段他调查了一个案件，结果吓坏了他，也惊醒了他。

这就是轰动全国的“宁夏 4·20 特大袭警案”，开始的时候他是冲着案件本身去的，查着查着，渐渐地，案件背后的事情引起了他的关注，他发现，案中的罪犯之所以沦为罪犯，几乎全与不恰当的家庭教育有关。

2 棍棒之下出『逆子』

/ 庞嘉诚（5岁半）作品

大案背后

1999 年 4 月 20 日凌晨，银川“110”指挥中心接到一个电话，说在银川化肥厂附近有个出租车司机被杀了。当四位民警赶到出事地点时，预先埋设好的炸药突然爆炸，三位民警当场身亡，有一位没死，却被歹徒连捅 22 刀……

破案之后人们才知道，这几个罪犯本来想抢运钞车，因为没有武器，便设下了这个圈套夺枪。

这个案子当时十分轰动，但是人们大都关注它的表面，比如，罪犯的残忍、民警的生命……而我家先生发现了案件背后的东西，他说背后要比表面更令人震惊……

主犯杨杰小时候其实非常优秀，也很有天赋，爱唱歌，爱写诗，会拉小提琴，还是个二级鼓手。在他第一次进监狱时还得过全国劳改系统罪犯小提琴比赛一等奖。人也不错，爱帮助人、有同情心，是个很招人喜欢的孩子。

但是后来，不仅杨杰，就连他的大弟也成了杀人恶魔，兄弟两人被判处死刑，他们的小弟杨辉和他们的父亲因为包庇罪也被判刑。

那么，我们不禁要问：是什么原因使这三个孩子变成这个样子的?

答案是：错误的家教方式。

对于这一点，他们的父亲却始终不能醒悟，他说：“人们都说是我把三个儿子教成了这样，冤死我了，我在儿子身上花的心血只有我自己知道！”

问他是怎样教育儿子的，他说：“为了把杨杰教育成一个听话的孩子，有次我一边洗脚一边跟他说话，他顶了一句，我就把半盆洗脚水连同脚盆一起扣在他的头上。我觉得游泳太危险，禁止他游，他又不听，我就在他往水边走时偷偷跟在后面，然后扑到跟前把他的头按在水里使劲淹他。”

杨辉说：“小时候只要我爸不在，哥儿几个快乐得就跟过年一样又唱又跳。尤其是大哥，从地上跳到沙发上，再从沙发上跳到床上。只要我爸一回来，哥儿几个全都吓得没了声音。听见‘爸回来了’就像听见‘狼来了’似的。”

有一年过年包饺子，杨辉擀饺子皮。他擀着擀着，突发奇想把两张饺子皮摞起来擀，想这样可能会擀得更快，结果也被痛打一顿。

到了上学的年龄，挨打更是成了家常便饭，字写不好了打，分考不高了也打，打来打去，打得他一点创造性都没有了。本来，他对学习就像擀饺子皮一样爱试验，后来不敢了。脑子越来越笨，比如解题，老师说最好用两种以上的方法去解，可他怎么也想不出另一种方法。

上幼儿园时，有一次父亲指着挂历上的一个字问他：“这是个啥字？”杨辉说这个字老师没教过，但我认识，这个字叫“年”。父亲没有赞扬，竟给了他一记耳光。

至今杨辉仍不明白父亲为什么打他。老师没教，他却会念，按理应该得到表扬才是，为什么就挨打了呢？

我想他的父亲以后想给儿子一个解释也很难有这样的机会了。因为伤心过度，他已患了严重的心脏病，能不能活着出狱还是问题。而杨辉，他的儿子，却这样说："我恨死我爸了！要是他死了，我想我会无所谓的，连一滴眼泪也不会掉……"

杨辉回忆，有一年冬天，父亲酒后回家，当时已经快半夜了，他一进门就骂人，砸东西，掀翻桌子。三个儿子跟他们的母亲缩在被窝里吓得发抖，大气不敢出一下。然后，父亲来到了床边。母亲担心丈夫要打孩子，就扑上前去，用身子挡在丈夫与孩子之间。父母打了起来，孩子放声大哭。

最后的结果是妈妈和三个儿子一起被赶出家门……杨辉到现在仍然害怕看见星星，他说就是到了夏天，也觉得星星像是被冰冻住了似的。

所以，后来杨杰尽管成了一个没有人性的恶魔，在他的身上可以说汇集了人类所有的恶习，但唯独不会喝酒。他恨死酒了，到死都滴酒不沾。

棍棒之下出"逆子"

人常说"棍棒之下出孝子"，在这位父亲那里，却成了出"逆子"。

这样的打骂等于给孩子心中制造了一座能量极大的火山，只等着有一天喷发。就拿杨杰来说，还不到能够抗争的年龄就跃跃欲试地开始了他的反叛。

15岁那年，在一次父亲打母亲时，杨杰冲上去对着父亲大打出手，父亲一开始没反应过来，愣了愣，等他明白怎么回事时，便怒不可遏。他这一生可能设想过许多事情的发展，唯独没有想到亲生儿子会打他。他喊道：“老天爷，你竟敢打你老子？你再打一下看看？”他似乎不相信这是真的，好像要重新验证似的把脑袋伸到儿子的面前，叫儿子打。结果，杨杰又是一拳。这一拳把老爹打糊涂了，也气糊涂了。他嚷着他不活了，用头撞墙，要喝毒药……

有位国外的儿童教育专家从十八个方面讲了孩子的生活环境给他们造成的对应性影响，她说，如果一个孩子生活在批评之中，他就学会了谴责；如果一个孩子生活在敌意之中，他就学会了争斗；如果一个孩子生活在恐惧之中，他就学会了忧虑；如果一个孩子生活在怜悯之中，他就学会了自责；如果一个孩子生活在讽刺之中，他就学会了害羞；如果一个孩子生活在嫉妒之中，他就学会了嫉妒；如果一个孩子生活在耻辱之中，他就学会了负罪感。

上面是从负面影响说的，下面说的是正面影响。如果一个孩子生活在鼓励之中，他就学会了自信；如果一个孩子生活在忍耐之中，他就学会了耐心；如果一个孩子生活在表扬之中，他就学会了感激；如果一个孩子生活在接受之中，他就学会了爱；如果一个孩子生活在认可之中，他就学会了自爱；如果一个孩子生活在承认之中，他就学会了要有一个目标；如果一个孩子生活在分享之中，他就学会了慷慨；如果一个孩子生活在诚实和正直之中，他就学会了什么是真理和公正；如果一个孩子生活在安全之中，他就学会了相信自己和周围的人；如果一个孩子生活在友爱之中，他就学会了这世界是生活的好地方；如果一个孩子生活在真诚之中，他就会头脑平静地生活。

我认为还应加上一条：如果一个孩子生活在暴力之中、地狱之中，他就会成为魔鬼。所有的家长都应该问问自己：我的孩子到底生活在什么之中呢?

心理学家指出，杀人犯大多都是在暴力的、缺乏爱的环境里培育与成长起来的。人们可以从这样的环境里分离出上万条恶因，但是最重要的一条，就是爱的缺失。

大卫·梭罗断言，爱是一种永远无法消除的饥渴。医生与精神病学家早就认识到爱与缺爱都将对身心疾病形成重大影响。蒙太古说，把一个杀人犯、一个不可救药的刑事犯、一个行为不良的青少年、一个精神变态者或一个冷血的家伙弄到我这儿来,在几乎每一种情况里，我都能让你看到童年没有得到适当的爱所造成的悲剧。

美国监狱提供的一份详细分析报告中指出，85% 的刑事犯是因其对于爱和个人尊严的基本需要没有得到满足而导致犯罪的。爱是人的一种本能，它是盲目的；但是，爱的缺失会产生惊人的摧毁力，招来诸多苦恼，甚至引发战争。

可以说，当通向爱的渠道受到阻隔而处于干涸状态时，反作用力就会像沉睡的火山那样喷发并演变成暴力。暴力，是爱受到挫折的结果。父母若不能给自己的孩子充分的爱，或迟或早都将付出沉重的代价。

谁发动了第二次世界大战

历史学家罗伯特·怀特在他的著作《精神变态者之神》中，对希特勒的性格形成进行了极为深入的分析。希特勒的父亲是个嗜酒如命而又性格暴躁的人，他常常在酗酒之后当着孩子的面痛打自己的妻子，希特勒也常常免不了受皮肉之苦。童年的希特勒最主要的情感体验是焦虑、紧张与残暴。他似乎生活在永无尽头的噩梦恐惧之中，形成了既不信任也不同情，直至仇视人类的个性。本来，他对父亲打母亲的行为非常痛恨，可是当他长到 15 岁时，竟然鬼使神差地对母亲使用暴力。这一点与杨杰有些相似，两人都是在 15 岁的年龄开始爆发，只不过杨杰的对象是父亲，希特勒的对象是母亲。再后来，希特勒便在世界范围内大打出手了，他这种不健全的人格使全世界付出了千百万条生命的代价。所以有人便提出了这样的疑问：是谁发动了第二次世界大战？

就是说，二战的起缘很大程度上来自希特勒的内在秉性，而他的秉性又深受他父亲秉性的影响。

同样，我们也有理由这样来问：是谁制造了“4·20”大案？是那些直接参与的罪犯呢，还是他们的父母？

再比如，另一个名叫张文龙的罪犯，他的父亲也像杨杰的父亲一样因为包庇儿子被判入狱，他也认为儿子变成这样没有做父亲的责任，因为他尽过力了。他举了两个例子说明他并不是没有教育儿子，第一个例子是，小时候张文龙有一次夜不归宿，被他提起来摔到墙上摔昏；第二个例子是，儿子大一点时到歌厅唱歌，被他打得半个月不能起床。在他的观念当中，教育就是打、就是骂，而不是说服，更不是沟通。结果，他的儿子小学三年级时就开始逃学，初中没毕业就辍学游荡，与女孩同居、打架、偷盗，差不多偷遍了镇上所有的商店。还抹上口红，戴上耳环、胸罩，以“小姐”身份到歌厅坐台。他是这桩大案里年龄最小、心肠最毒的一个，抢炸药的主意就是他出的，临刑时还不到 20 岁。

还有那个名叫王丽的女孩，她说：“我走到今天这一步与我爸的教育方式有很大关系。我知道我爸是为我好，想让我做个好孩子、好学生。可是他的方法让我太难接受了，非打即骂不说，为了监控是不是在外面干了坏事，常常偷看我的日记。有一次，他发现我在看一本小说，他很愤怒，一气之下，不但撕了小说，还撕了作业。”

她说，她多少次都想对父亲大喊，求他把女儿往好里想。她说自己初中之前一直是个好学生，因为父亲的粗暴，干脆破罐子破摔。后来有一次，父亲打她打得太厉害了，妹妹怕她被打死，向“110”求助，她便趁机逃出家门。这一走再也没有回来，当家人得知她的消息时，她已进了监狱。

王丽说，最让她感到难受的是审判那天，她的母亲、妹妹拍打囚车车窗又哭又喊的样子，她说那情景她一辈子都忘不了。

还有陆文林，有一次父亲把他吊在房梁上差点把他打死。

这里面，只有郭永涛的父亲在儿子尸体运回去之后总算有所醒悟，他说："我儿子走到今天这个地步全都怨我，怨我这个当父亲的没有好脾气，光知道打，打得孩子事事躲我，不跟我说心里话。"

有一年春节郭永涛回家，他的父亲劝他到煤矿上班，郭永涛不同意，父亲操起一根棍子狠狠打了儿子一顿，这一打，郭永涛再也没回来。

这简直是在逃亡，是不是？灵魂的逃亡！棍棒之下，这些孩子除了逃亡还能有其他的选择吗？

杨杰临刑前，看守所的工作人员要他跟父亲见最后一面，他坚决不见，他说这辈子最恨的就是父亲，已经好多年不跟他说话了。

难道父亲不爱自己的儿子吗？并非如此。他是太想让儿子成才了，但做法错误，才把儿子逼成了这样，逼成了仇人。当他看清大儿子杨杰不再回头时，绝望之下，又把心思全部用在二儿子杨军身上。那时候杨军还很优秀，勤快、节俭、体贴家人。但是，就是这样一个儿子他也没能保住。

有一次，因为买抽水马桶的阀门，他让杨军买四川出的某个牌子，杨军听卖货人说这个牌子不如另外一个牌子好，就买了另一种。父亲不满意，他认为儿子没有听他的话，就开始大声辱骂。杨军一气之下，就搬到了厂里去住。

之后，他又把希望寄托到最后一个儿子——小儿子杨辉身上，那时杨辉正上中学，他发誓要把这个儿子培养成大学生。每天天不亮就起床，给杨辉做早饭，每顿都有荷包蛋。这样的情形一直持续了好几年。作为一个父亲，这样做算是很了不起了，但是，他那种望子成龙的眼神压得杨辉喘不过气来，结果学习越来越糟，成绩一直排在班级后面。

3

智慧的爱与愚昧的爱

/ 陈星宇（7 岁半）作品

浪子为何不回头

即便这样，弟兄三人并没有从情感上完全与父亲割舍开，其内心并不是非要作对到底。只要有可能，他们随时准备与父亲言归于好，但是这样的结果并没有成为现实。如果我们把他们称作“浪子”，这几个浪子为何不回头呢？

杨辉说：“我们兄弟特别羡慕人家的父子关系，有一次上楼，我们看见邻居家父子两个从门里出来，儿子搀着老爸又说又笑，我们眼馋得不得了，进屋之后谁也不说话，都坐在沙发上叹气。我爸回来的时候，我就有一种强烈的愿望，想跟他聊天。谁知没谈上三句话，他又教训起我来了，我一下没控制住，跟他大吵起来。”

他说：“就是现在，尽管这样恨我爸，但是只要他能摸摸我的头，向我说声对不起，我想我肯定会掉泪，再也恨不起来了。”

杨杰也是这样，据他的妻子讲，杨杰其实对他的父亲感情非常复杂。一方面他痛恨父亲，另一方面又可怜父亲。有一次他一个人在屋里唉声叹气，妻子问他出了什么事，他说他觉得老爸其实非常可怜。妻子问怎么可怜，他不再往下说了，只是叹气，然后让妻子买些东西给父亲送去，并强调不能让父亲知道是他让买的。等到再见面，还像以前一样对父亲发狠，大吵大闹，吵完了又让妻子买东西送去……

这说明了什么？说明其实他特别想跟父亲和好，恢复正常的父子关系。可是做父亲的从来不给儿子这样的机会，而这种机会很有可能缓解他仇恨的蔓延，使他精神的发展道路尽可能趋于正确，使一个心灵的“浪子”回头。后来杨杰对父亲彻底绝望了，彻底仇恨了，就连自己长得越来越像父亲也令他万分苦恼。有一天，当杨杰对着镜子刮脸，突然发现自己的长相越来越像父亲时，他非常震惊与绝望。

可以说，杨杰弟兄就是在这样的绝望当中一步步沦为罪犯的。他们没有一个精神上的家园。我们从以上情况可以看出，这些浪子并不是没有回头的可能，但做父亲的总是一次次错失良机，直到孩子走向不归之路。听监狱的工作人员讲，最后见面那一次，他们的母亲把两只手分别递给两个即将临刑的儿子，贪婪地抚摸着儿子的脸，那种景象真像一位双目失明的母亲在抚摸失散了几十年的孩子。她似乎想用自己的双手留住什么，但她能留住什么呢？她能做到什么呢？唯一能做到的，就是伸出一双苍老的手，抚摸曾经与自己血脉相连的骨肉了，但是，没有人也没有办法能让犯了重罪的儿子重获新生……

我想，面对此情此景，“可怜天下父母心”这样的感叹真是太不着边际了！

智慧的爱与愚昧的爱

我们说，杨杰的父亲并不是不爱自己的儿子，但结果为什么不是产生爱，而是产生憎恨呢？原因是他的爱出了问题。

我们说爱是教育的前提，指的是不管父母对孩子付出的如何多，要是没有爱，或者说不能让孩子感受到爱，那么他所有的努力就会大打折扣甚至无效。但这只说了问题的一个方面，另一方面，只有爱是不够的，他的爱必须是智慧的而不是愚昧的。

智慧的爱能使孩子优秀，愚昧的爱只能毁灭孩子。在杨杰家里，父爱跟智慧毫不沾边，不幸的是，母爱也存在着这样的情形，他们的母亲虽然爱自己的孩子，却陷入了另一种极端，也是一种愚昧的爱而不是智慧的爱。

用杨辉的话说："现在想起来，我爸的教育方式当然很糟，但我妈也有不对的地方。比如，我大哥有许多毛病，好吃懒做呀，贪图享受呀……都是我妈惯出来的，我大哥直到 6 岁还在吃奶，从这一点你就知道我妈是怎样惯着他了。"采访时，他的父亲也愤愤不平地一再提起妻子对杨杰过分的溺爱和放纵，说是妻子的溺爱害了孩子。

但是，母亲把爱变成了溺爱、愚昧的爱，很大程度上是由丈夫造成的，丈夫的凶暴使她的爱变了形。她就像身处危境中的母鸡那样，一边护着小鸡一边盯着天上的老鹰，时时提心吊胆，准备最后一搏，以致发展到是非不分、听任放纵的地步。而孩子呢，只能在慈母与凶父的夹缝中残喘，在火与冰的对峙中蜕变……

渐渐地，做母亲的对丈夫也越来越粗暴，夫妻二人常常大打出手，杨杰弟兄就是在这样的氛围中长到了成年。

杨杰在监狱里说，他这一生最痛苦的事情还不是父亲对他的粗暴，而是看着父亲打母亲时他无能为力。为此，兄弟三人曾经撺掇母亲与父亲离婚，由于没有离成，他们大失所望。

一位合格的母亲首先要分清"慈爱"与"溺爱"的界限，慈爱是蜜糖，溺爱是毒药；慈爱是智慧之爱，溺爱是愚昧之爱。溺爱最容易发生在母亲身上。合格的母亲能让她的慈爱化作孩子人生道路上的强大动力，溺爱只能使缺少辨别能力的母亲丧失理智，从而毁了孩子们。

母亲如果不能正确理解爱，对于爱不加以适度控制，就会发展成溺爱和纵容，过分顺从孩子的意愿、包庇孩子的缺点，孩子力所能及的事情也全部包揽。这样一来，母亲的慈祥就会成为无条件的妥协和软弱，孩子受其影响，也会在思想及行为上表现出同样的妥协性与软弱性。杨杰成年后曾经干过许多行业，但干一行砸一行，每遇困难就退缩，我想，除了父亲对他的摧残之外，母亲的溺爱也有很大关系。

有的父母担心给孩子慈爱可能会使他们丧失斗志，其实，慈爱与坚强并不矛盾，调查发现，一个从小得到充分爱的孩子长大之后面对困境时会显得更为坚强。但得有个前提：父母在慈爱的同时也须具有坚强的性格，要在慈爱中赋予孩子坚强的品质。大量事实表明，这样的父母既能给予孩子亲情的温馨，又能教会孩子勇敢地面对生活。

希特勒的成因

希特勒也有着类似的情况，他虽然常常受到父亲粗暴的对待，但在母亲那里却是个宝贝。她赞美、纵容儿子，从不惩罚，她认为儿子做什么都不会错。她将所有的关怀与喜好全都集中在儿子身上，因而养成了希特勒的自恋和消极被动的性格。在他心中，什么努力都不用就可以成为了不起的孩子，什么事都不用做，因为母亲事事都替他做了。由于父亲很少在家，就更加强了这样的趋势，男性权威所能提供的良好平衡，他一概缺乏。

当他6岁的时候，这种天堂般的生活突然中断了：他的父亲退休回家，让他上学。他发现自己的生活突然之间被局限在一个狭窄的活动圈子里，要求他负责任、守纪律。他第一次受到系统的、坚定的强迫，要他跟别人一致，这让他难以适应，因为在他的感觉中，“自由”就是不负责任、没有约束，意味着控制别人。

希特勒喜欢游手好闲，逃避艰辛，这种现象在心理学上已经有了一个确定的发现，就是这种行为是受母亲溺爱的孩子常有的。受母亲溺爱的孩子无意识里总是期望母亲把什么事都替他们做好，就像他们在婴儿时期一样。他们觉得自己不必做什么积极的努力，不用保持整洁，他们可以把东西随处乱丢，自有母亲帮他们收拾。他们生活在一种“乐园”里，在那里，他们什么事都不必做，什么事都有别人替他安排。

而他父亲的凶暴性格又从另一个极端影响着他，使他严重畸变。

面对破坏性的抑制，希特勒有两种办法：一是合理化借口；二是反向行为。心理学临床治疗上有一个已经确立的事实：一个人为了压抑他的某些欲求，会发展出与这些欲求正好相反的特征，这就是反向行为。

他的性格中另有三个彼此密切相关的特征，就是他的自恋、退缩态度和情感的缺乏。希特勒可以说是一个没有任何爱、温暖和同情的人，这样的人只能算作恶魔。

另外，鉴赏力跟性格是分不开的。一个残忍、原始、无情如希特勒的人，鉴赏力必定是浅薄的，因为除了对他有用的东西之外，对别的他全然视而不见，他在心智上是一个瞎子。我为什么在教育中特别注重提升孩子的鉴赏能力，原因就在这里。一个具有了真正鉴赏能力的人也就具有了判断是非的条件，才能分出什么是好的，什么是不好的，这就是道德认知。只有具有了道德认知，才能实施道德的行为。所以，对于有鉴赏力的人来说，干坏事反而是一件困难的事情。

希特勒内在没有任何中心，没有任何真正的原则、价值或信念，杨杰等人也是这样。

从广义的角度看，由于家庭或学校教育的原因，在我们中间肯定潜伏着希特勒式的人物，只要历史的时机到来，他们便会现出真实的面目。从本质上看，“4·20”案中的这些人就是小希特勒，只不过希特勒杀的人多，他们杀的人少而已。

4 驯养儿子

/ 曹佳诚（7 岁）作品

穿越精神的时空隧道

这个案子把我家先生吓着了，也让他醒悟了，我也是这样，很受震动，影响可以说非常巨大，它使我对于孩子的态度发生了根本的改变。不光对儿子，对学生也是。

而且那个时候，我们也正好遇到了蒙台梭利的教育观念，开始接触儿童心理学、儿童成长规律，接触真正的教育。我认识到自己的儿子心灵受伤太深，得彻底治疗了。于是当机立断，决定让他休学一年，调整好了再上学。

具体怎样做呢？就是让他返回童年。因为我们是从 3 岁开始用错误的方式对待他的，所以就让他返回到那个时期。这就像穿越了精神的时空隧道，到达他开始受伤的那个端点。然后一步步回到现在的年龄。

这在一般人来说似乎是天方夜谭，其实并不难做到。只要给孩子足够的爱、自由、宽松的环境，就能做到。那段时间我俩腾出时间专门和孩子一起交流，一起疯玩，一起打闹，孩子需要的都满足他，给他充分的自由与尊重，他一下子感觉幸福得不得了。

有位搞蒙式教育的朋友告诉我："受过伤害的孩子如果重新得到爱与自由之后就会出现一个胡闹期，你要有所准备。"我问："能闹到什么地步？"她说："把蛋糕砸到天花板上，把沙发拉倒，闹得你简直无法忍受，出现这种症状说明你的儿子有救了。"我说："任何事情我都可以忍受，我已为此做好了准备。"

等呀等呀，这样的症状一直没有出现，等到的只是撒娇，简直没完没了。

有一天偶尔翻开《倾听你的孩子》，上面说到，如果孩子想要吃一块饼干，要是他正常地说“妈妈我要吃饼干”，这就是饿了；如果他哼哼唧唧地说，就不是饿而是需要爱了。这个时候母亲要抱上他，一边抱一边说：我们来吃饼干，我们来吃饼干，直到他自己下地为止，这是 6 岁之前孩子的情况。

我一下子恍然大悟，想到这大概就是我儿子的“胡闹”，他是以另外一种形式表现胡闹的。他是以这样的方式赢得我们的爱，进行心灵创伤的修复。我立刻采取对策，两个月下来，他好了许多。

每当他撒娇的时候，我就把他揽在怀里，亲他，抚摸他的脊背，边抚摸边跟他说话，直到他安静为止。在他小的时候没能正确地教育他，现在说什么也要把他挽救过来。从 3 岁开始，他只要往我身上贴我就会把他推开，从未很好地给予相应的爱抚，因为我的妈妈总说那样做会把孩子惯坏的。

后来有一天，儿子一人在家，我打电话回来问他在干什么，他说在撒娇。我很奇怪，问给谁撒娇，他说给自己。我说为什么自己给自己撒娇呢？他说等妈妈回来之前把娇撒完，妈妈就不烦了。我听了很难过，心想儿子心里还是没有彻底放松，还想着他的撒娇会让我们不舒服。于是我就开始打消他的这种顾虑，告诉他可以撒娇，怎么撒娇都行。这下他才算完全放开，渐渐地，撒娇的症状开始减缓，到后来，进展到只是偶尔撒一下，或者喊一声“娇”就算完事。

一只等待被爱的小狐狸

儿子重新上学之后，我家先生有次去书店，发现了《小王子》这本书，看了之后很受感动，也很受启发。那本书我也看了，我跟他关注的内容不一样。我关注的是蘑菇与猴面包树的问题，他关注的是小王子驯养狐狸的问题。

小王子从他的星球来到地球之后非常孤独，一个人在沙漠边缘走的时候发现了一只小狐狸。他很想和狐狸玩，却被狐狸拒绝了。小王子想知道原因，狐狸说："因为你还没有驯养我。"小王子问它驯养是什么意思，狐狸说："驯养就是'建立关系'。"

建立关系又是什么呢？狐狸说："建立关系就是……比如，现在对我而言，你只不过是个小男孩，就像其他千万个小男孩一样。我不需要你，你也同样用不着我。对你来说，我也不过是只狐狸，就跟其他千万只狐狸一样。然而，如果你驯养了我，我们将会彼此需要，对我而言，你将是宇宙间唯一的了；我对你来说，也是世界上唯一的了。我的生活很单调乏味。我捕捉鸡，而人又捕捉我。所有的鸡全都一样，所有的人也都一样。我已经很厌烦了。但是如果你驯养我，那我的生命就会充满阳光，你的脚步声会变得跟其他人的不一样了。其他人的脚步声会让我迅速躲到地底下，而你的脚步声则会像音乐一样，把我召唤出洞穴。"

然后，狐狸指着旁边说："你看到那边的麦田了吗？我不吃面包，麦子对我来说一点意义也没有，麦田无法让我产生联想。但是，你有一头金黄色的头发，如果你驯养我，那该会有多么美好啊！金黄色的麦子会让我想起你，我也会喜欢听风在麦穗间吹拂的声音。”

先生看到小狐狸反复说“求你驯养我吧”那段时，感动得不得了……他说：“跃儿，我觉得我们的儿子就是一只等待爱的小狐狸，咱要彻彻底底地驯养他……”

驯养儿子

就这样，先生开始了驯养儿子的行动，前后三四个月什么也不干，一门心思做这件事。儿子从学校回来就跟他一道玩呀、聊天呀，儿子一去学校，他就把这些事记录下来。他记的时候事无巨细，一边记一边反思，常常记录到半夜，最长一次记到凌晨四点多。那些天，他每天早晨爬起来给儿子做早餐。结婚20年了，我常常求他起来给我做一次早餐，让我享受一次躺在床上闻到厨房飘来早餐味道的快乐，他也没有做到。

吃完早餐，先生还把儿子送到门口，拥抱告别。儿子娇娇地用脚后跟倒着假装不会走路，一摇一摆地下楼，到楼梯中间还要再喊一声“娇”，他的爸爸在上面等着，这时候也回应一声。有时候干脆送儿子到楼下或者小区门口，再送过马路。有一次儿子走出好远了，他喊儿子，儿子没听见，儿子回来后他就把这事告诉他。结果第二天，送到小区门口时儿子故意慢慢走路，故意不转头，准备爸爸喊了之后好转过头来。过了马路，先生喊了一声他的名字，儿子赶忙转过头来看了一眼，便撒腿向学校跑去。

你看，两个人情意绵绵到这种程度，有点煽情了，有点可笑是吧？这在别人看来是做作的、不真实的，但这又是个必然的过程。现在，当然再也不用把儿子送到大门口了，也不用喊“娇”了，因为父子现在完全心与心融到了一起，成了铁哥们了。

驯养不光是跟儿子玩，这个驯养有很多内容，比如，每天的创意比赛，一起读书、讨论等，谈论儿子喜欢的话题。儿子数学很差，对数学没有一点兴趣，他就跟儿子一起做题。做题的时候故意做错，让儿子做对，然后让儿子把他当马在地上骑一圈，下一次，找一道难题，他再做对，然后与儿子争论到底谁对谁错，如果儿子错了，他就把儿子当马骑一圈。

这是在建立一种平等的人格关系，如果光让儿子骑他，就不平等了，也没有竞争了。这就像一群鹿，没有狼的追赶就会变得软弱无力。所以，只有在这种有平等、有竞争的状态中儿子才会逐渐坚强起来，才能形成一种正常的、平等的伙伴关系，但要有个前提，就是建立在爱的基础上，是智慧的爱而不是愚昧的爱。这很重要，不然会出问题。后来的家长沙龙上我也讲到这件事，怎样拉近与孩子之间的距离？怎样在拉近距离的时候，能够与孩子建立一种平等的人格关系？这里面学问大了。

后来也有这样的情况：他也朝儿子喊叫，好像他重又回到了过去，但本质是不一样的——以前的喊叫是胡乱发火，现在的喊叫是坚持原则；以前喊叫时儿子也会喊叫，父子俩对上铆了，现在喊叫时儿子十分顺从，就像“铁哥们之间的争吵”，他们关系的性质完全变了。

儿子小的时候总是缠我，恨他爸恨得让人不理解，看电视时发现有个人长得像他就要赶紧关电视。现在呢，儿子根本就不缠我了，放学回来要是爸爸不在，就心慌意乱，在屋里转来转去，直到爸爸回来。

后来发生了一件事，现在想起来还觉得好笑。有一次我俩出去办事，儿子一人在家。回到小区，我俩开始上楼，我对先生说：“我们把脚步踩得响一点，看看能不能把你的小狐狸引出洞来。”我家住在六楼，结果，当我们走到大约三楼的时候听到上面传来开门的声音，接着楼道的灯也亮了。我悄悄说：“还真准，狐狸确实出洞了。”

话音刚落，听见上面“娇”了一声，我俩下面也“娇”了一声……

第三章

用爱占有孩子的灵魂

如果孩子的精神需求得不到满足，他的心就会漂浮着，无所适从，只能拿胡闹、捣乱，甚至打架、说无聊的话来填充精神上的空缺。成人若是用能愉悦人类精神的内容为孩子提供一个可供发展的平台，用爱占有孩子的灵魂，他们就不再这样了。

1 爱的里程碑

/马佳妮（7岁半）作品

女人为什么要长“奶糕糕”

那是2000年前后，先是“4·20”案件，再是儿子的转变，还有蒙台梭利教育观念……给了我相当大的启示，使我对于爱的概念更加明确了，这就是，爱，一定是智慧的而不是愚昧的，这样的爱才有价值，才能走进孩子的内心。

从这个方向切入，往深里走，我们就会思考：我们爱孩子，用智慧的爱来爱孩子，难道仅仅“为了爱”吗？我们的爱应该有一个更为崇高的目的，那就是要孩子学会爱，爱父母，爱老师，爱同学，爱所有人，爱所有美好的东西，这就是爱的交互，也是我们最终的目的。

作为教育者，心中一定要有这样的目的，你的爱才会真正具有价值。我会用各种契机影响孩子……比如，有一次，我给他们欣赏高更在塔希提岛上画的画，画面上有一个端着盘子的土著女人，孩子们立刻大叫：“老师，这是‘黄色’的！这个女人没有穿衣服，露着‘奶糕糕’！”

我放下画，与他们一起讨论这个问题。我问孩子们：“画上的女人是不是心灵特别丑恶？大家注意看她的面部，她是不是故意露出上身让别人看？”孩子们说不是。我问为什么，孩子们说，因为她脸上的表情跟穿着衣服一样。“那她是丑的还是美的？”我问：“你们看，这一盘红红的樱桃，像红色的宝石；我们再看‘奶糕糕’上面的红点点，简直就跟樱桃一样，要是吃奶的娃娃看见这样的红点点会有什么样的感觉？你们现在觉得‘奶糕糕’上面的红点点美不美？”孩子们说美。“那么这个女人是黄色的吗？”大部分孩子说不是，有几个仍然说是。

讨论完之后再把话题引回来，我说：“这个女人为什么不穿衣服而要露出‘奶糕糕’呢？那是因为这个地方非常热，人们不穿衣服也能生存，所以就没有养成穿衣服的习惯，因此呢，任何人见了女人的‘奶糕糕’就像我看见你们的脸一样。我看见你的脸会不会说‘呀，你为什么不把脸捂起来呢？’我会这样喊吗？”孩子们说不会。我说：“为什么我们这里的女人一旦露出上身大家就要吃惊呢？那是因为气候，不穿衣服冷得慌，只好穿上衣服，穿久了有些地方就再也不能露出来了，一旦露出来就害臊得不得了，而别人呢，一看见这个女人，眼睛就像电灯泡，不是看见这个女人，而是看见了‘奶糕糕’！”

所有的孩子都笑得要命。我问他们，“奶糕糕”是不是人长的？他们说是。我问，是什么人长的？他们说女人长的。那么女人为什么要长“奶糕糕”？他们说要生娃娃。这就又扯到应该让女人生娃娃，还是让男人生娃娃的话题了。

男人长的是“鸡鸡”

我问孩子们：“为什么偏偏要让女人生娃娃而不让男人生娃娃呢？”孩子们说：“因为女人勤劳。”我哭笑不得。我生过娃娃，内心有生娃娃的痛苦记忆，孩子们认识不到这一点，他们不知道生娃娃有多么痛苦。

我说生娃娃是一件非常痛苦的事情，这么痛苦的事情为什么非要让勤劳的人去承担呢？他们说：“老师，不是这样的，因为娃娃都爱他们的妈妈，所以就让勤劳的人生了娃娃，再让娃娃爱她们。”

有一个孩子站起来，说：“老师，我最爱我的爸爸！我是我爸爸生的。”另一个孩子马上反驳：“爸爸不能生娃娃！”“为什么爸爸不能生娃娃呢？”我问。他们不好意思说。我说：“有什么不好意思说的呢？”有个孩子走到我跟前，悄悄说：“老师，男人长的是‘鸡鸡’！所以不能生。”我拼命忍住笑，说：“‘鸡鸡’是不是人长的？”他说是。“是不是所有的男人都长着？”他说是。我问全班：“是不是长了这个名叫‘鸡鸡’的东西的人都应该感到害臊呢？”他们说不露出来就不害臊。我说：“假如当初所有的男人都不穿衣服，都把‘鸡鸡’露出来，早已成为人类的一种习惯，现在我们会不会害臊？”孩子们脸上表情很复杂，他们将自己作为这样的角色体验着那种情景，大多数露出不好意思的笑容。我说：“现在，不露出来已经成了人类文明的象征，我们现在认为露出来是粗鲁的行为。但是，人的身体也是一种科学，如果作为科学来了解它，用不用害臊？”孩子说不用。

老师，我有个办法

接着，我又将主题引回到为什么要让女人生娃娃上面，也就是生育的过程。我说：“妈妈怀你的时候，天天都要呕吐，难受得不得了，就像要把肠子都吐出来似的。随着你在肚子里一天天长大，妈妈的肚皮也被撑得一天比一天薄。你们有时候多吃一口饭都撑得很难受，可妈妈肚子里可装着一个娃娃呢！

这个娃娃足有好几斤重！你们谁能吃下几斤重的饭呢？到了生的时候，那个娃娃最小也得五斤六斤，大的要到七斤八斤。妈妈天天就挺着这么个肚子走路，上楼下楼，睡觉压得上不来气，吃饭只吃一点点。这些还算小事，到了生的时候，肚子痛得死去活来。”

我问：“你们想象一下，把烙铁烧红放在身上烫与生娃娃相比哪一个更疼？”孩子说肯定是火烫更疼。我说：“错了！有人证明出来了，生娃娃更疼。他把人类所有的疼痛排上队，刀割、火烫、生娃娃，所有的疼痛中，生娃娃排在第一。”

听了这些，所有的孩子都特别吃惊。我说：“妈妈为了让自己的娃娃在出生时不致受到伤害，再痛也不会晕过去，妈妈生你的时候遭受的那种剧痛从头到尾她都知道。”我讲了我生娃娃时的体验……孩子们听着，那些孩子也就五六岁吧，全部静悄悄的，一点儿声音都没有……

突然，有个孩子举起手来，说：“老师，我有个办法。”我说：“请讲。”他说：“想办法让娃娃只有针尖那么小，生的时候，给妈妈肚皮上戳个针眼，娃娃就会从针眼里掉出来，再到外面长大。”

我说：“好办法，但是人类已经进化成这样了，娃娃在妈妈的肚子里必须要长那么大，必须十月怀胎娃娃才能长成。”

又有孩子举手，还是替妈妈想办法……哎呀，孩子同情妈妈同情得不得了，说了好多同情妈妈的话，想了好多同情的办法，为怎么让妈妈生娃娃时不痛苦绞尽脑汁。

我问他们：“还有人认为让女人生娃娃是为了照顾女人吗？”他们全不吭声了。我说：“现在你们想让女人生娃娃还是男人生娃娃？”

有的说还让女人生，有的说让男人生，不管分歧如何，但有个观点是一致的——不管让谁生，都得想个让他们不疼的办法。

爱的里程碑

课上到这个份儿上，就算达到了目的，这个目的，就是对母亲的爱，重新去认识母亲，把对母亲的情感提到一个全新的高度，再推己及人。把一个只会关注主观意识的心灵引向体验客观感受的层面。我敢说在那个班的 20 多个孩子中，起码有一大半没有经过这样的情感体验。这堂课让他们学会了爱，学会了去爱别人。在他们心中竖起一座伟大情感的小里程碑。

我发现，作为教育者，就是要灵敏地抓住出现在你面前的每一个机会然后发展，最后回归到那个原点上，这个点就是人的最基本情感，最基本的爱。

爱是教育的前提，可是在我们的教育里由于没有找到能够触动孩子心灵的对象、可供生长的土壤，所以就无法真正让爱在他们心中生长出来，于是只能成为表面的口号。而家长又只知自己去爱孩子，不知用自己的爱培植孩子的爱，所以，孩子不能在内心深处形成爱的交互，不能认知爱。而学校教育中的“爱”大都是语言的记忆和口头的表达，对于这类内容，孩子无法产生切身的情感，不能有更深的体验。而在这堂课上，我是从孩子的妈妈开始，从相近的人开始，培植这种爱的。

2 鸡毛掸子

/ 刘嘉懿（6 岁）作品

犯错的小孩

上个星期那节课，班里的气氛好极了，孩子们都像被一种家庭一样的氛围包裹着。在这样一种博爱之中，评画时我找不到教鞭，正好看到教室里的一个鸡毛掸子，它的毛快掉光了，只有几撮稀稀拉拉地粘在上面，我只好拿起那个鸡毛掸子暂作教鞭。刚拿起来，就有孩子问道："老师，你拿这个干什么，是不是要打人？"

我心里咯噔一下，难道现代的家长还用这个打孩子吗？我问孩子："这是什么？"他们说鸡毛掸子。我说："它有几种功能？"我想考察一下孩子们是不是曾被鸡毛掸子打过。他们一下炸开了，开始讨论，最后得出的结论是鸡毛掸子有三种功能：一是掸灰，二是打人，三是当教鞭。

说来也巧，刚得出结论，有个女孩哭了起来，原来她的画被人用橡皮偷偷破坏了。我说："谁干的？站出来，要勇敢面对自己做的事情，敢做敢当！"我的口气坚定而严肃，但目光是慈爱的，我的目光扫过每张脸，一边扫一边将鸡毛掸子在手心里敲得啪啪直响。我想试一试这啪啪直响的鸡毛掸子、坚定的口气与慈爱的目光加在一起的结果能不能使孩子勇于承认自己的错误，而不是因为害怕老师而退缩。有个男孩高高举起了手。我说："请你上来。"他上来了……

他是英雄

我对全班说："这位同学能够勇敢地承认错误，勇敢地站出来，他是英雄，请大家为这种勇敢的行为鼓掌！"掌声"哗"地响了起来。

我问他："是你把她的画擦坏了？"他点点头。我说："你知道破坏他人的东西属于什么性质的错误吗？"他说干了坏事。我说："对于成人来说，破坏他人的财物和身体就算犯法行为，你知道对于犯法的人是怎样处理的吗？"他说："老师，教室里有没有监狱？把我关在里面。"我说教室里没有监狱，但我们也可以用其他的方式对他进行惩罚。他问怎样惩罚，我说："现在你有两种选择，一个是帮人家把画画好，另一个是让我在你的手上打五下。"

出乎我意料的是，他选择了后者，就是让我在他的手上打五下。这时我发现我犯了一个错误，作为老师，我不可能用打的方式来表示我对了他错了，要是这样，他会形成一个概念：在他对了、别人错了的时候，就可以用打的方式对待别人。再说，在教育孩子的时候，如果让他感觉到是用自己的皮肉之苦来抵消所犯的错误的话，不但不能彻底解决问题，孩子还会用皮肉之苦替代对他人造成了伤害的负疚心理，这是对爱的扼杀。我站在那儿，脑子飞快地转着，心里想着怎么解决这个问题。突然，我发现这是个极好的机会。

我说："你用粗暴的方式使那个同学伤心，老师不能再用同样的方式使你伤心。要是老师用了这样的方式，就会与你犯相同的错误。我不会用鸡毛掸子打你，但必须惩罚你的错误。"

他说：“老师，那怎么办？”我说：“老师再给你一个选择的机会，一是把她的画恢复原样，二是向她道歉。”他说：“老师，你还是打我五下吧，我不想给她画画，也不想道歉。”我说：“你必须对你的错误做出补偿。”我告诉全班：“我们要耐心等待。”

那个女孩举起手说：“算了算了，我自己把画画好。”

显然女孩的行为感动了这个男孩，他马上转过身子，对着女孩大声说：“对对对……不不不……起起起。”

我对全班说：“我们大家有没有感觉到他们两人的高贵品质？让我们为他俩再鼓一次掌！”掌声落下，男孩朝着我举起了两只手，我以为他有话要说，就把头低下来，他搂着我的脖子，当着全班的面在我的脸上重重亲了一下。顷刻，一股幸福的电流传遍了我的全身。

这时再看全班，这些 10 岁孩子的脸上呈现出妈妈对孩子的那种满意而宽容的笑容。

孩子特别能感觉美好的东西，只要你感动了他，他的心灵就会变得高尚起来。这就是爱的交互。爱是一种能量，这种能量可以互换。

幸福港湾

我把这件事在家长会上讲了，家长也被感动了。我说咱们要是能感动孩子，就会成为他的精神偶像。这就是驯养。家里要是弥漫着这样的空气的话，这个家就成了孩子心灵的幸福港湾。在以后的生活中，无论他多么艰难，受到的挫折多么大，他的心里不会有孤独无助的感觉，因为只要他想起我们，想起那个家，再大的难关也能挺过去的。这就要求做父母的不但要有无边无际的爱，更要有非常智慧的爱。因为这不但是教育的前提，还是提高人类生存质量的重要保证。

家长真的需要好好梳理一下自己的心了，查一查那颗心里到底缺了什么？不光为了孩子，也为了自己。因为我们成人也需要幸福地、有质量地活着。教育不光是孩子的问题，也是所有人的问题；教育不是哪个部门的职责，而是每个人都应该负起的责任。

在大象群中，每一只大象都肩负着照顾小象的责任，不论这只小象是哪个妈妈生的，我们人类也应这样。

这是一项艰巨的工程，太难了。由于文化断层以及其他原因，有些人甚至失去了最基本的判断标准。我们提倡素质教育，最重要的素质是什么？是爱。爱从哪里开始？从同情心开始，这又让我想起一节课……

3 回头一瞥的时刻

/ 张宇豪（7 岁半）作品

猴群忽至

那节课上我给孩子们讲了个故事。有个老爷爷因为太穷，还不起欠人的债，就躲到深山老林里，在一处山坡上开了几亩地种起了玉米。好不容易等玉米长高，结出玉米棒子，有一天，忽然来了一群猴子，冲到玉米田里，掰下玉米棒子就吃，吃不完就扔。那只领头的、长得又肥又大的棕毛老猴特别喜欢红玉米，因为红玉米最香了，卖价也最高。玉米还没有完全成熟，所以猴群吃得少、扔得多。这真是一群恼人的猴子啊！老爷爷恨死它们了，恨不得全给打死。但是他干看着没有办法，因为他手里没有枪。冬天来了，老爷爷只好搞来一杆枪，拖着年老的身体打猎糊口，终于熬到了春天。

第二年，老爷爷又在田里种了玉米，他想：这回再也不怕猴子了，要是它们再来，非得打死几只不可。玉米刚刚长出棒子，他就背着枪在地边巡逻。

有一天，猴群果然来了，它们在棕毛老猴的带领下，哇哇吼叫着冲向玉米地。当时老爷爷正在吃饭，听见猴群的叫声，赶忙扔下饭碗抓起枪，跑出门去。可是……猴子为什么突然不叫了呢？而且还在田埂上站成一排，连棕毛老猴也在队伍里面。老爷爷停下脚步，呆呆地站在那儿，他看见所有的猴子都拿爪子捂住眼睛，两腿发抖，显出极为恐惧的样子。到底出了什么事呢？

大限将临

正奇怪着，玉米地里突然走出一只豺来，迈着慢悠悠的步子，在猴群前面走过来走过去，那神情就跟皇帝对待犯了罪的大臣一样。这样巡视了几个来回，那只豺用嘴叼了一根柴棍，放在棕毛老猴的头上。其他猴子一见，“哇”的一声，逃得不见了踪影……

老爷爷一下全明白了，原来豺是在给自己挑选美食，谁最肥最大就挑谁，它挑上了棕毛老猴。老猴知道自己大限将临，身子抖得快要站不住了……

你同情谁

我问孩子们：“如果你是老爷爷，这个时候是不是特别解恨？呀，真是恶有恶报啊，你看，来了一只豺来帮我出气了，甚至连枪都不用开了。老爷爷会暗自大笑：哈哈哈！终于有人替我报仇来啦！你们是不是这样想？”

孩子举手说：“是，我们是替老爷爷高兴，因为有人出来替他制伏猴子。”

我接着讲——不是照本宣科，那样不会产生大的震撼，我讲的时候一般会把故事重新改编。我说：“老爷爷本来还挺高兴，他等着看豺把猴子一口咬死以解心头之恨。但是他很快不这样想了，因为他吃惊地发现，那只豺‘嗖’的一下跳到棕毛猴头上，开始一口一口拔下猴头上面的毛。原来豺为了吃得舒服，它要把猴子身上的毛全部拔光之后才正式享用。每拔一下，猴子就惨叫一声。你们想想，满身的毛全拔光了，这只老猴要受多么大的痛苦啊！”

我接着说：“你们揪揪自己的头发试试，揪一根都疼得要命，揪一撮是不是特别痛苦？再想想如果满身长着毛，满身的毛要被一撮一撮拔下来，那会是什么样的感觉呢？”

我讲这一段的时候，渲染得特别到位。接着又停下来，让孩子们自己体验。之后我问：“你们同情谁？是同情猴子呢，还是继续为老爷爷高兴？”

我看见，所有孩子的脸都吊得老长老长，苦难的啊……教室里静悄悄的。孩子们说：“我们同情猴子。”

我继续问：“你们要是老爷爷，那支枪应该对准谁？是打死豺呢，还是打死猴子以免让它继续受苦？”

孩子异口同声喊道：“老师，我们打死豺！豺太狠毒了，太残忍了！”

秋收

我说：“老爷爷被眼前的惨象惊呆了，他想也没想，端起枪一扣扳机就把豺打死了，猴子一声尖叫，跑进了山林……”孩子们这才长长舒了一口气。

我说："转眼间到了秋天，老爷爷去地里收玉米，那群猴子又来了。"我问孩子们："你们要是老爷爷，会不会后悔以前没把那只猴子打死？"孩子们说后悔。

我说："老爷爷也是这么想的，但是已经没有办法了。他只好硬着头皮掰玉米，想着猴子过来糟蹋时再想办法。掰着掰着，老爷爷听见身后也传来掰玉米的响声，心想完了完了，一边想一边回过头去。就在这回头一瞥的时候，他不禁大吃一惊，原来那群猴子也在学着他的样子掰玉米呢，而且没有一个吃的！原来猴子不是来糟蹋玉米的，是来给他帮忙的！猴子干起活来当然要比老爷爷快得多，它们把掰下来的玉米整整齐齐地摆在地头，然后悄悄离去了。"

孩子们笑了起来，笑得非常开心，笑容里包含着深深的感动。这个故事将他们的感情一步一步往上引，越引越深，越提越高，将孩子带到一个充满情感的氛围里去了，直到沉入其中，直到忘乎所以。

我说："这样的情景完全出乎老爷爷的意料，他感动极了，站在那儿不知如何是好。就这样，那群猴子一到早晨就来帮老爷爷掰玉米，到了黄昏全都自动离开。而且，从此以后每到秋收那群猴子都要来。"

砸枪

我说："你们要是老爷爷，该怎么办？"

孩子们说：“感激猴子，送玉米给它们吃。”

我说：“不知怎么搞的，那群猴子一见老爷爷接近它们就躲开，连老爷爷自己也不明白到底是怎么一回事。尽管老爷爷特别想跟猴子示好，每次都对猴子做出各种各样的亲热姿态，但是越这样猴子躲得越远。”

孩子们急得大喊：“那怎么办呀老师，赶紧想个办法嘛！”我说：“老爷爷什么办法都想过了，猴子就是不跟他亲近。可是有一天，老爷爷突然发现，每当他让猴子过来时，那些猴子总是盯着自己肩上那杆猎枪。老爷爷终于明白了：不是猴子不愿跟我亲近，而是它们害怕我的猎枪……”

“那怎么办？”我问：“要是你是老爷爷，你该怎么办？”孩子们说把枪扔了。我说那座山里有老虎有豹子还有狼，要是没有了枪说不定就会有生命危险。

孩子们说：“应该把枪埋起来，等危险来了扒出来再用。”

我说：“老爷爷大概太感动了，与猴子亲近的心情太迫切了，他大概忘了可能会有什么危险，想也没想，抡起枪，照着石头砸去。猴子见了，一声尖叫，全都拥了过来，围住老爷爷，有的揪他的胡子，有的揪他的头发，使着劲儿跟他亲热。就这样，老爷爷不再寂寞，因为他跟猴子成了最好的朋友。”

孩子们大概完全把自己当成了老爷爷，拍着腿，脸上绽放出幸福的笑容。

山谷里剩下一堆白骨

后来，老爷爷更老了，种不动玉米了，他就把种玉米攒的钱买了几头牛，大牛生小牛，几年之后成了一群牛。有一天，老爷爷正在放牛，突然听见牛群吼叫起来，叫得特别凄惨，原来来了一群狼，老爷爷想赶着牛逃跑，但是来不及了。狼群慢慢包抄过来，圈子越围越小，情况十分紧急。

狼是一种非常残忍的动物，要是它们围住牛群，所有的牛别想有一头活着出去，就是吃不完也要全部咬死。老爷爷心想：完了，我的牛算是全完了。他闭上眼睛，因为他不忍心看到自己的牛被狼咬死、吃掉的惨景。

就在这个时候，只听一声长啸，那群猴子赶来了。老爷爷看见棕毛猴跑在最前面，猴子们跳进狼群、跳到狼的身上跟狼打。

讲到这里，孩子们急得不得了，说："老师——老师——快讲呀，后来怎么了？"

我说："老爷爷赶快把牛赶到安全的地方，连忙回去支援猴子，当他赶到时，发现山谷里只剩下一堆猴子的白骨……"

孩子们全都不吭声了，有的眼中含着泪水。

后来，人们来到山里找老爷爷，发现他住的地方成了一堆烧焦的泥土。老爷爷不见了。再后来，出现了各种各样的传说——有的说老爷爷也被狼吃掉了，有的说那群猴子并没有死，是它们接走了老爷爷，接到一个最好的地方享福去了……

用爱占有孩子的灵魂

我问孩子们："猴子能打过狼吗？"孩子们说："打不过。"我说："那它们为什么还要去打？"孩子们说："它们在报答老爷爷。"我说："这就等于猴子把自己送到狼嘴里给狼吃啊！因为只有这样的方式才能让老爷爷赶着牛群逃脱！它们是用这样的方式来报答救命之恩的！"

我说："现在，我们下课。"

孩子们坐着不动，静静待在原地，教室里弥漫着凄楚悲伤的气氛。

我刚开始讲这个故事的时候他们本来还在吵吵嚷嚷，有的甚至满地乱跑。讲着讲着，他们开始安静下来。再后来，教室里鸦雀无声了。他们屏住呼吸在听，眼睛里露出一种很特别的光——被深深感动的光。尤其是当我讲到故事结尾的时候，他们几乎全都热泪盈眶，有的甚至埋下头去……

这节课是我在我们一个教学点上的示范课，听老师说，几个星期之后那个班的孩子还问："上次讲课的那个李老师呢？她怎么还不来给我们上课？"我想那节课让孩子们的小心脏都疼了！孩子们需要什么，老师就用什么满足他们，要是给予的不适合，他就不是个称职的老师。如果孩子的精神需求得不到满足，他的心就会漂浮着，无所适从，就会心烦意乱，就会胡闹、捣乱，甚至打架，就会说一些屁呀屎呀无聊的话，只能拿这些东西来填充精神上的空缺。

你要是用能愉悦人类精神的内容为孩子们提供一个可供发展的平

台，用爱占有孩子灵魂的话，他们就不再这样。这时候要是有个新来的孩子，说出难听的话，做了出格的事，其他孩子就会用奇怪的目光看着他，甚至会有孩子告诉他这是不好的行为，使得那个新来的孩子感到不好意思。这样，整个班就会进入良性循环，状态越来越好，上课也不用老师维持纪律。纪律和秩序是人类灵魂里本来就有的东西，如果只能靠着威严来维护的话，说明威严已被破坏了。

第四章

审问我们的价值观

人是一种渴望幸福的动物，应该为幸福而活着。教育首先应从提高人的生命质量和生存状态入手。如果忽略了这些，而是把课程、高分、出人头地等放在首位，那么人的生存状态就会变得非常低下，低下的生存状态必然不能产生幸福的生活。

1 什么样的人才是人才

/ 高翔（8 岁半）作品

人才是“人”与“才”的结合

我们在说素质教育之前，首先要搞清什么是素质，素质中哪些是最重要、最核心的。如果教育者——教师、家长连这个问题都搞不清楚，怎么进行教育呢？怎么把孩子培养成真正的、有竞争力的人才？现在，有些家长还停留在知识、技能大于一切的认识上，有些已经认识到聪明才智的重要性，极少部分刚刚认识到情商，也就是控制情绪的能力、承受力、毅力的重要性。美国科学家通过对一些成功人士的调查发现：一个人能否成功，情商所起的作用比智商更大。我们不禁要问：知识的位置在哪里？知识的掌握是高情商与高智商的必然产物，既然有了好的情商与智商，出类拔萃的学习能力便会水到渠成，哪还用我们处心积虑呢？而硬逼出来的名次、高分，是拔苗助长，是对“土地”资源提前的、过度的掠夺，死记硬背出来的知识不能发展孩子的智慧和能力，也不能滋生出新的知识。这样的知识只能应付一时，难以受惠终生。

但这只是就智商与情商而言的，实际上，一个人如果想成为人才，要想在未来的竞争中立于不败之地，在他的素质构成中还有比情商更为重要的东西，我们称为素质的核心部分，那就是人文情怀，就是爱……

如果抽掉爱、良知、情感而判定人才的话，希特勒也算是人才了，无论是创造力、勇敢精神，还是敬业程度等都无可挑剔，但他们以及与他们相似的人，给人类制造了多大的苦难啊！这就涉及“人才”这个概念的定义了。做父母的没有不想把自己的孩子培养成材的，但是对于什么是人才并非十分清楚。什么是人才呢？人才就是“人”与“才”的结合。向善、良知、关爱、宽容、同情心，这些代表人文情怀的东西都属于“人”的部分；“才”就是能力、聪明才智、知识技能，两者相加才是“人才”。

曾经有家外企在北京招聘员工，打出了“北大、清华学生免谈”这样的口号。他们认为在我们国家一些上了名牌大学的优秀学生一般都是专靠高分，也就是靠知识考上去的，而这样的学生好多人走偏了，在他们身上很难一见“人”的影子。所以，按那家公司的说法，这样的人很难培养成有用之才。

我还看到一篇文章，里面谈到有家机构专门对外企在中国招收员工最看重什么进行研究，并将结果列了四项，按照重要程度排了队，第一是忠诚，第二是团队精神，第三是沟通能力，第四才是聪明才智。这里面，前三项都属于“人”的范畴，后一项才是“才”。就是说，按照国际通用用人标准，“人”比“才”重要得多。

家长普遍忽视了这个问题。忽视的后果是，国际化视野下，一碗水端平了，世界的人才标准必将是我们未来的人才标准，如果你的孩子不具备这样的素质，极有可能会被淘汰出局。

人才公式

关于人才，我这里有一个公式。首先，所谓“人才”，是“人”与“才”的结合；其次，“才”也由两个方面组成，就是“知识技能”与“聪明才智”。我们可以简化一下，把“知识技能”简化成“知识”，把“聪明才智”简化成“能力”。它们之间有着什么样的关系呢?

就“才”而言，单独看，知识是没有任何价值的，只是个“0”，而能力呢，是“0”前面的数字。能力为0，0与0待在一起还是0；能力是1，就变成10；能力是9，得到的数便是90了。知识单独存在是一钱不值的，但与能力搭在一起，它的价值就会以几何级数上升。

如果把“人”与“才”放在一起，那么“才”又是“0”了，它单独存在是没有价值的，它的价值只有依靠“人”方能显现。所以，人，人文情怀，就像太阳一样，用它的光来照耀；像雨露，全方位地去滋润。知识也好，能力也好，只有通过阳光雨露的照耀与滋润，才能生长，才能生机勃发，才能在竞争中立于不败之地，才能对整个人类有益。可以这样说，在未来社会中，一个即使在知识、能力这些方面非常出类拔萃的人，如果没有“人”的成分的话也是很难立足的，谁会希望自己的老板、下属、生意伙伴、朋友是一个没有德行的人呢?

如果将人的素质比作一棵树的话，“人”是根、是干，“才”是枝、是叶。或者说，“才”里面的“能力”是枝，“知识”是叶。可现在，一些父母逼着孩子只在枝与叶上使力，这种舍本逐末的行为，只能造成根与干的枯萎甚至死亡。

人格豆芽菜

比如，那个“刘海洋硫酸泼熊事件”，在这个事件之前，还有个“徐力杀母”，之后，又接连发生了杀害并肢解女友、持刀绑架女生、杀死奶奶和父亲、微波炉活烤小狗等一系列让人瞠目结舌的事件。我想即使不是大学生，只要是个人格健康、心理正常的普通人，也很难把硫酸泼到黑熊身上，很难把宠物放进微波炉里烤，更难勒死奶奶、杀死父亲。

勒死奶奶、砍倒父亲的马晓明从小就是邻里孩子的榜样，但就在学校因他成绩太差而劝其退学时，为了避免家人伤心，竟想出了先杀亲人然后自杀的荒唐主意。而另一个大学生马忠义在学业陷入困境时，先后谋划了自杀、杀人、抢劫等“措施”，试图通过自我毁灭而达到自我解救。这两位大学生在面临挫折时一触即溃，没有积极面对挑战的能力，只能选择如此荒唐的方式。就算他们的学习曾经多么优秀，也无法掩盖他们在人格方面甚至连一个儿童都不如的事实。

这只是一些极端的例子，而实际上，内心备感无助、在精神上灰溜溜的大学生不知还有多少。

正如一篇文章指出的，之所以屡屡发生像硫酸泼熊这样的情况，主要原因出在我们的教育思想、方针以及体制上面。我们的教育模式太有问题了。多少年里，我们对“好学生”的看法是：课堂上应该成功地回答问题，而不管那是什么样的问题；考试中应该名列前三名，而不管通过这样的方式会不会捡了芝麻丢了西瓜；升学要进入重点学校，而不管这样出来的学生是不是对社会有用、有益的人才；更严重的是，在孩子学琴的时候也认为应该成功地考级，孩子学画画，要看他是不是学会了某种技术、获了多少奖项！一个人格健全、情操高尚、精神蓬勃的孩子往往不被看作榜样，因为学校、教师、家长根本就不注重这些，但一个考试成绩好的孩子，无论他的人文情怀多么淡薄、心理空间多么狭窄、精神世界多么苍白、动手能力多么差劲、创新意识甚至为零，都会成为榜样。这些“考试机器”是不折不扣的“人格豆芽菜”，他们在顺境中或许还能平安无事，但是一个人的一生能够保证永远平安无事吗？只要是人，他的一生或多或少肯定会有不顺的时候，要是遇上不顺，遇上挫折、挑战呢？他们就会走向极端，就会变得不可理喻，就会严重地危害他们自己、他们的亲人以及社会。他们不出问题是暂时的，出问题是肯定的，只不过时间早晚而已。

四面楚歌的中国学生

以前我们有文理分科，所有的学生被分成两拨：一拨文科，一拨理科。这样很容易导致一种结果，那就是文科学生普遍缺乏科学观念和科学精神，而理科学生则普遍缺少人文情怀。文科生不知“相对论”为何物，对世界的构成及其规律、对时空的特性缺乏了解，思维方式更加简单、感性。而理科生虽然掌握了局部的科学知识，却对历史、文学、艺术等领域非常陌生，思维缺乏想象力和创造活力，发展到极端者，只知有科学而不知有科学伦理，只知道发明创造而不屑于考虑人性关怀。许多科学怪胎都是由于丧失人性关怀而畸形发育成的。他们的心性因为与美好的东西绝缘而变得功利和冷漠，直接的后果是缺乏爱心，品位低下。

谈到爱心，我认为即便是文科学生，即使读了很多人文方面的书，因为社会价值导向方面存在问题，以及学校、家长本来就没有让孩子从小重视这些东西，他们的人文精神也只是停留在非常肤浅的层面，所以，即便是文科学生，最终还是无法建立起真正的人文精神。这一点，在刘海洋身上表现得非常明显。

刘海洋从小学习成绩很好，他的母亲原则上要求他每次都考第一。根据他的自述，他用硫酸泼熊的目的也是为了检验狗熊对酸的敏感度。刘海洋的科学精神是完全具备的，但他缺乏的是人文情怀，完全没有同情与悲悯。同样，那位把小狗放进微波炉的大学生也是不知慈爱与悲悯为何物的怪胎，无论他因何种理由活烤小狗，都说明了他的人格中缺乏关爱、同情等情感要素。

科学精神是可以通过课堂教育培养的，人文情怀则必须从文学、艺术这些看似无关紧要的东西中慢慢获得。尤其要在家庭、课堂以及社会上获得，需要老师与家长敏锐地抓住时机，一点一点地培养。人文情怀的养成是无法用世俗成功的标准来衡量的，但人文情怀又是人性中最重要的养分。如果青少年不能在成长的过程中积淀人文情怀，那么，他所接受的教育也必定是失败的。

所以说，现在的学生处境十分尴尬，或者说他们已到四面楚歌的地步，由于学不到本该学到的东西，一方面人们嫌他们的素养过于片面，另一方面社会、学校、家庭又都要让他们拼命学习，做一个所谓的考试门门优秀的“好学生”，一旦他们出了事，立即会招来一片惊异、指责甚至谩骂的声音。但实际上，之所以出现这样的学生、这样的现象，不是学生的问题，而是我们教育的问题。

2

审问我们的价值观

/ 何巧颖（8 岁）作品

什么是“成功”

我们的家庭到底要什么？我们的学校到底要什么？我们的国家到底要什么？我们希望我们的孩子成为什么？我们需要什么样的发展？我们的发展需要什么样的人才？人才的标准到底是什么？那样的标准通过什么样的教育才能达到？素质教育的核心是什么？人的素质里面最重要、最基础、最不可缺少的是什么？我们应该审问一下我们的价值观！

虽然，我们的学校一直给孩子上思想品德课，媒体也从未间断过对于道德、良知的呼吁及渲染，但是，每个人都可以扪心自问，我们是不是真的认同了呢？孩子要问问自己：在思想品德这样的课上，我们是否真被打动了？老师要问问自己：在给孩子灌输这些道理的时候，作为教育者，自己是否当真？家长要问问自己：你是否真的教给了孩子正确的价值观，而不是相反的东西？或者，你是否说的是一套，做的是另外一套？

我认为，在很多时候，作为教育者，我们的价值体系处于极度混乱的状态。心口不一已经算好的了，因为许多时候我们连心口不一都做不到，不然就不会出现老师在课堂上宣扬把学习搞上去主要的目的就是为了娶个漂亮老婆这样的事了。不要说孩子，就连有些成人的心目中所谓的英雄、成功人士，都是以挣了多少钱、当了多大官、成了多大名，甚至挥金如土、独霸一方作为参照了。一些名人不知道德、礼貌、关爱为何物，一些有钱人可以为所欲为，不良榜样越来越多，许多孩子，甚至连“谢谢”这样的词儿都懒得说了。

英国历史学家威尔斯曾说：“人类历史越来越成为教育与灾难之间的比赛。”且不说别的，就说二十世纪，人类的灾难大多数来自人祸，而人祸主要来自价值观的选择不当，这与人类整体教育的质量有着密切的关系。在威尔斯的话背后蕴含着这样的道理：只有教育才是人类战胜与防御灾难的最有力武器。

每个人都可以扪心自问：在我们的内心深处，我们的价值取向到底是什么？我们对“成功”的定义到底是什么？

如果我们深思孩子们的现状，就会得出一条结论：在缺乏人文教育的情况下，出现刘海洋硫酸泼熊这样的事件不奇怪，不出现这样的事件反倒不正常了。

真的，我们真是到了审问我们的价值观的时候了！到了彻彻底底审问我们的价值观的时候了！要彻底审问！不然，我们就会永远无法抛弃“素养不足”的名声！我们的孩子就会在“全球一体化”的过程中永远无法与其他国家的人才竞争！

不光教育者，不光家长，而是每一个人都要进行这样的审问……

人先得是个人

审问的最终目标，是让我们明白一个根本性问题：不管做什么、怎样做，最重要的就是人先得是个人！人是一种渴望幸福的动物，人应该为幸福而活着。

人类幸福吗？看看那些被各种欲望折磨得死去活来的人，常常让我们对所谓的“文明”产生怀疑，似乎文明程度越高，人身上幸福的含量越少了。这中间出了什么问题？为什么会有这样的结果？

我企盼着有一天，人们终于认识到价值取向的关键，认识到人类的种种麻烦、不稳定，甚至灾难，说到底都是我们在确定价值取向时出了偏差所致。

头顶上面的红樱桃

比如，生存质量、生存状态、生命价值的问题。过去，很多人有着这样的观念，认为荣誉、事业和财富比人的生命质量贵重得多。我认为，教育首先应该从提高人的生命质量、提高人的生存状态入手。

如果教育里忽略了这些，而是把课程呀、高分呀、聪明呀、出人头地呀这些放在首位，那么人的生存状态就会变得非常低下，低下的生存状态必然不能产生幸福的生活。如果只是追求世俗意义上的成功，而不能很好地认知幸福，那么我就要问：这样的成功就能幸福吗？再说，成功还有个机遇问题，比如，不幸遇上战争、灾变，一个人依靠什么才能支撑自己活下去？靠什么才能保证生存的质量呢？比如孔子，他一生的机遇可以说非常不好，有一次被人围了三天，没饭吃没水喝，他却还在弹琴唱歌呢！

我们的教育应该在孩子心中建立起这样的能力：使他能够在不幸的时候找到幸福的感觉。现在，竞争越来越激烈，生存越来越艰难，如果我们不能把孩子培养成具有这种素质的人，他们可能一辈子都体会不到幸福的感觉。

我有一位朋友，常年在俄罗斯做生意。他说，多年前，俄罗斯特别困难，人们饥寒交迫，为了买到一斤土豆，街上的队伍排了那么长。就是在这样的情况下，头顶的樱桃树上结满了红红的樱桃，却没有一个人去摘……

他们之所以能够这样，是因为他们的教育里早已种下了这样的种子，那些樱桃就像他们呼吸的空气，是精神的象征，是一种比填饱肚子更为重要的东西。

绿化人心

我常常想，人类为什么文明程度越高灾难越大呢？是文明出了问题，还是我们人出了问题？我想大概都出了问题，但是人的问题更大一些。

比如创造，现在许多创造被用来毁灭人类，给人类制造麻烦。表面看，是创造出了问题，其实是人心出了问题。我们人类之所以没有把“创造”这件事把握好，原因是没有建立起正确的价值观，没有从根本上解决人心的问题。

比如，原子能，还有克隆技术等生物技术……如果不能对人心进行足够的控制，就有可能给人类带来灭顶之灾。有时候我觉得我们人类就像被绑在一个轮子上面，轮子就在高山上，往下滚动，越滚越快，下面就是万丈深渊。我觉得那个轮子停不下来了！似乎没办法让它停下来！

你看，要是不能控制人心，不能建立起正确的价值观，创造，甚至培养孩子的创造能力也成了一件可怕的事情。

使轮子停下来的唯一办法就是教育，如果我们的教育者——家长、老师，还有整个社会，都能从人、人心出发重建我们的价值观的话，那个轮子或许还有停下来的希望。关键是，我们的教育、教育者要在孩子的心中种下一颗种子！有了种子就会有一棵树，就会有一片树林，就会形成绿化带，就会绿化整个地球，直至……绿化所有的人、所有的心。

所以，我认为，在文明给人类带来很大弊端的今天，教育首先要从绿化人心开始……

3 漏网之鱼

/ 李雪静（6 岁半）作品

土村人

目前我们遇到的问题，不是怎样“绿化”，而是解决“毒化”问题。我认为教育不得法，抽去孩子的自然属性，按照成人的想法去“塑造”，本质上就是一种严重的“毒化”。它使孩子丧失了作为人的基础，最后只能成为“非人”。

我经常对家长说，要是你不懂什么是儿童，不如不教，不教或许孩子发展得更好。

我这里有一个例子，有个名叫张容的孩子，家在城郊，父母是农民，对孩子基本上采取放任不管的态度，所以孩子想干什么就干什么，成天在野地里疯跑，一直玩到 6 岁。

孩子的舅舅正好是我的朋友，劝妹妹把孩子送到我们中心学画。他们来的那天，我一看，哎呀，那个当妈妈的个头那么大，简直像个巨人。她一来，把我们教室的光线都遮住了。因为常年干农活的缘故，显得浑身充满力量的样子。

那个孩子根本不像城里孩子那样到了陌生地方会露出怯相，而是直冲冲地进来，东张西望了一番之后坐下，屁股刚一落座就喊：“妈，给我买吃的！”他妈妈就领他下楼买零食。回来的时候，他一只手拿着冰激凌，一只手提着食品袋，那一通猛吃，根本不在乎别人怎么看，也不知道听课，这里瞅瞅，那里转转，不知道他在想什么。他一边吃一边转悠，好不容易吃完了，又喊：“妈，我要喝水呢！”因为教室里有纯净水，他没见过，觉得特别好玩，不知喝了多少杯。好不容易喝够了，又喊：“妈，我要尿尿呢！”尿完尿，不来教室，而是在外面这儿看看那儿看看。

除了张容，我们中心全是城里的孩子，他们从来没有见过这样的人，就给他起了个外号叫“土村人”。我们欣赏过高更画塔希提岛土族人的画，那些人从来没有那么多的规矩，想干什么就干什么，非常闲散、非常诗意地过完一生。张容呢，又说着一口宁夏本地话，孩子们大概觉得他就是这种人，所以就起了这样的名字。

张容根本不画画，转来转去，这样混了好长一段时间。有一天，我们上了一课，课名叫“大人像猫咪”，说的是有个孩子在家里看见爸爸妈妈忙来忙去，不知道他们在忙什么。大人说的话他又听不懂，总觉得大人就像猫咪一样喵喵叫。后来，他觉得大人的眼睛也像猫眼了。

这个故事一下子打动了张容，他第一次有了画画的欲望，开头我还没有发现，因为对于张容的不画画我们都习以为常了。我正给一个孩子改画，就听见一个很大的声音在喊：“老师——我不会画脚！”

他的神色像一个老师

我回头一看，是张容。一直在等待的这个时刻终于来了，我高兴得不得了，赶紧过去。我说：“脚嘛，太简单了，看，用笔这样一拐，就是脚了。”

他吃惊地瞪大眼睛，说我也会画呢，便学着我的方式把笔一拐，画出一只脚来，满足地痴痴笑着。

到评画的时候，所有孩子的画都贴在黑板上，张容的妈妈也来了，我说："这就是你家儿子的画。"他妈妈一看，吃惊地说："咦？这真是张容画的？不相信。"其实那幅画要是城里的家长看了会觉得很差，画上的人头大身子小，腿细得不成比例，他的妈妈竟满意得不行。

从那天起，张容就对画画产生了浓厚的兴趣。

这孩子由于成天在野地里乱跑，浑身充满野性，那种感觉实在太好了，我特别欣赏这样的感觉。他画画的时候明显跟其他孩子不一样，特别专注，特别投入，特别大气。

过了不长时间，有一天，我们上有关色彩冷暖的课，讨论的话题是：不是真火苗，为什么画出的红色火苗会让人觉得温暖、蓝色的火苗会让人觉得冰冷？张容坐在那里，先是不吭气，那种眼神啊，怎么说呢，既像傻子又像一个老师。看他的人要是修养很低，会认为他是个傻子；要是修养很高，就会觉得他的神情像一个老师。反正在我眼里，那张脸寓意特别深刻，那么大气，城里受过管教的孩子根本就没有那样的神色。

听着听着，张容一拍桌子站起来，用宁夏方言，声音还特大，说："这个事情我说说！那堆让人觉得暖和的颜色就像太阳嘛，另一堆不像太阳嘛。像太阳的看着就热，不像太阳的看着就冷嘛。"说完了，他一屁股坐下，还是一个老师的模样。

驴粪蛋飘满天空

这节课的画题是“火山爆发”。张容画得那么卖力，脑袋往前冲着，身子摇着。我走过去一看，吃惊坏了，画面气势磅礴，颜色搭配高级极了。其他孩子的画一般都像花盆一样，里面喷出红色、蓝色之类的颜色。张容的画整个基调是一种非常凝重的咖啡色，看不见山，能看见的只是飘在空中的各式各样、五颜六色的彩球，真是壮观极了。

讨论这些画时，比如，讨论到那幅有点像君子兰的画，我说：“这座火山爆发，空中掉下个花盆来，‘嘭’地一下变出盆君子兰来！”孩子们乐得不得了……评到张容的画时，我问他们：“大家看哪幅画最美、最激动人心？”全班都说张容画的最不“洼”。我问张容：“你为什么这样画？既没有山又没有火，只有一些带颜色的圆球，大家有些看不明白，你能不能解释一下？”

张容站起来了，说：“我也不知道嘛。”说完就坐下了。

我哈哈大笑，说：“张容这幅画，火山喷发的时候肯定山顶上面有一摊驴粪蛋……”

张容听了，忽地一下重又站了起来，说：“噢，我知道啦，山上有一摊驴粪蛋嘛，火山一喷，把驴粪蛋全喷起来了嘛。喷得满天、满世界都是烟嘛、火嘛，火把驴粪蛋照成了各种颜色。”

我说：“太棒了。咱们大家都在画火山，张容没有画，他是将镜头对准火山上面的驴粪蛋，画的是驴粪蛋喷起时的那个瞬间！”

张容嘿嘿笑着，快乐无比地坐下，当我再转过身时又不见他的人影了。评完画我出去看，人家在教室外面正拿着一个泡沫塑料盒琢磨着呢。奖惩对他毫无用处，打击、表扬对他毫无用处，心态正常极了。要是想画了，就完全地投入、忘我，不想画了就出去玩儿。从来没有表情，一副深不可测的样子。任何人他都不放在眼里，完全的自主、完全的自信、完全的自然。

在孩子们讨论的时候他也积极地参与其中，有一天我突然发现，张容怎么用的是普通话，而且十分标准。

过了一段时间，他又开始三天打鱼两天晒网了。有时几周甚至几个月都见不到他一次。有时我快要忘了他时，一转过脸，咦，他怎么又在孩子们中间坐着了？

张容因为能够不受限制地在野地里疯跑疯玩，所以过了所有的敏感期，心理成长机制没有遭到干预和破坏，个人潜能得到了很好的保护。这就像开发了一块非常肥沃的土地，只等有人来播种了，种上什么都能活，都能长得茂盛。在张容学习走路的时候，他的妈妈肯定不会抱着不放，最多只会拴根绳子拉着，孩子愿意上哪儿她就跟着上哪儿，或者干脆让孩子自己乱走乱爬，所以他的大脑发展得非常充分。

漏网之鱼

现在的孩子很多都是独生子女，所以家长在对孩子的投资方面是不惜血本的。但是，人们在这方面的知识太欠缺了，投资热情很高，却不知道往哪个方向使劲。

以经商为例，有的人投资回报丰厚，有的人投资血本无归。原因是眼光不准，对国家乃至世界的经济形势、未来的发展趋势不甚了解。

对孩子的投资也是这样。如果做父母的不了解孩子的心理状况、孩子的成长规律、全球教育已经发展到了哪一步、未来社会何种人才最具竞争力……总而言之，如果不懂得什么是真正的好的教育，以及如何进行这样的教育，他就完全有可能使自己的投资变得没有价值，甚至出现负值。

比如，未来社会需要关爱，他却给孩子灌输“只扫自家门前雪”；未来社会需要诚信，他却教孩子“无商不奸”；未来社会需要大胆、探索以及参与，他却把孩子锁在家里，哪怕犯一点错误也要训斥不休，使孩子胆小如鼠、不敢越雷池半步；未来社会需要自主自立，他却包揽一切，造成孩子极强的依附性格；未来社会创造的价值远大于重复的价值，他却仍在不遗余力地逼着孩子死记硬背、追求名次，使孩子只能在重复与模仿当中成长……

对于家庭来说，什么都能延误，唯有孩子的教育不能延误。为了孩子，家长必须重新当一回学生，成为真正懂得孩子、懂得教育的人。

家长如果不懂教育又没有时间学习，最好的办法就是不干涉孩子，给孩子发展的自由。一个产品报废了还可以重做，一个人的一生是不能经历这样的过程的。

根据经验，我把家长分为三种类型：第一种是既懂教育又有责任心的家长，他们特别容易培养出成功的孩子；第三种是既不懂教育又没有责任心的家长，他们的孩子也有成功的可能；最可怕的是介于这两者之间的第二类家长，不懂教育却有责任心，大量失败的孩子差不多都是由这类家长培养出来的。

如果一个农民对种庄稼一窍不通，不知道什么时间下种、什么时间灌溉、什么时间除草，他的庄稼能收获吗？对孩子的教育也是这样。

张容呢，就是第三类家庭中孩子的典型，在这个因为过分注重教育而扼杀孩子潜能、使许多孩子成为“非人”的年代里，张容反倒很幸运，成了一条漏网的鱼，因而他也是幸福的。

说到幸福，成人一般会认为现在的孩子在物质方面应有尽有，那他们一定是幸福的了，事实是不是这样的呢？

第五章

谁拿走了孩子的幸福

如果把家庭的爱比作花园，愚昧的爱就是有毒的花。很多时候，看似是孩子拿走了大人的幸福，实际却正好相反，是大人拿走了孩子的幸福。孩子所有的问题如果追根溯源，几乎都会追到大人那里。只有大人调整过来了，孩子才有调整的可能。

1 关注与放手

/ 刘思宇（9 岁）作品

老师，我们不幸福

有一堂课名为“我的幸福”，是由一个刚刚完成培训的老师上的，她说：“同学们，现在我们每个人都被家人当作宝贝，每个人周围都有爸爸、妈妈、爷爷、奶奶爱着我们。在物质上，我们要什么就有什么；星期天可以游泳，放假了还可以旅游……那么，在这样的生活状态里，我们一定会感到很幸福……”

话音未落，孩子们齐声回答：“老师——我们不——幸——福！”

这个回答太让人意外了。那个老师非常尴尬，愣在那儿了。这也不能怪她，因为过于年轻，她不知道现在的孩子到底处于一种什么样的境地。

她以为孩子们没听明白，还想继续引导，她说：“老师小时候就不如你们，因为经济方面的原因，连糖都吃不上。所以，老师那时候所向往的最最幸福的事儿就是能够拥有很多很多的糖，一房子的糖，甚至一间用糖做成的房子，连书桌、椅子、床、枕头也是用糖做成的，这样，当我想吃糖的时候呢，伸出舌头随便在哪儿舔一下就可以了。”

孩子们一听，全都大笑起来，说：“老师你真傻，太傻了，你怎么会喜欢吃糖呢，糖是吃的东西里面最‘洼’的，你怎么能喜欢这种东西，还把拥有糖当作最幸福的事儿。”

这一下，那个老师彻底懵了，她不明白这些孩子为什么会这样。她的脸腾地红了，手脚都不知道往哪儿放，好半天才反应过来。她问道：“那你们向往的幸福是什么呢？”

这一问全班的气氛一下子活了，全都举起手来，其中一个10岁的男孩，在文化课学习方面是年级第一，他站起来说："老师，我的幸福是星期六、星期天的早晨可以躺在床上睡懒觉。"另一个女孩等不及了，抢着喊："我的幸福是放长假，到沙滩上去玩。"孩子们渴望的幸福五花八门：买一大堆零嘴坐在床上吃；爸爸妈妈不要老是叨叨；学校老师少留点家庭作业；他们家买的彩票得了大奖；他的床放在百货大楼里，一边是货架，一边是游泳池……孩子们太渴望幸福了，但是这样的幸福多少让我们感到吃惊。

孩子们是在真真切切地渴望着幸福，他们说的全是真话。孩子的幸福其实就像能够调出所有颜色的三原色，但是成人只给了他们一种或者两种，他们调不出幸福的颜色，他们的幸福被人拿走了。

谁拿走了孩子的幸福

那么，是谁拿走了孩子的幸福呢？

教育者、老师、父母……比如，有一天一位妈妈满脸恐慌地来找我，她说李老师，昨天晚上真把我吓坏了。我问怎么回事。她说："昨天晚上，我的儿子对我说，'妈妈，我现在还小，打不过你，等我长大了我会打你的。我会把你杀了，剁成肉馅，包成包子吃。'"

她说："可怕的还不是这些话，而是他说话时眼睛里露出的那种光。李老师，我的儿子为什么会这样想呢？他怎么对我有这么大仇恨？你说我该怎么办呢？”说着，眼泪簌簌直流。

这个妈妈属于那种过分注重孩子教育的家长类型，孩子成了她的一切。她要把孩子培养成最优秀的人才，容不得有一点点不如人的地方。事事干涉，眼睛老是盯着孩子，但是，她的眼睛里看见的全是孩子的缺点而不是优点，所以孩子不是挨骂就是挨打。为了把孩子培养成才，她辞了职，在家专门培养孩子。我跟她不知谈了多少回了，劝她放弃这样的想法。但是……可能你没有跟家长打过交道，你没有体验过，有些人，你要他改变一点点都非常困难。每当遇到这样的家长，我心里绝望得不得了。就像这位家长，每次都说她想通了，可下次还犯同样的错误。

那次我特别生气。我说：“你孩子这样说一点也不奇怪。”她急了，说：“李老师，你怎么能这样说话呢？”我说：“我已经劝告过你多少回了，你听没听进去一句？我说有个中学生用斧头砍死了他的母亲你知不知道？”她说知道。我说既然知道，为什么不想办法改变一下自己？

可是过了几天，她又来找我，说：“李老师，昨天晚上我把儿子狠狠打了一顿。”

她说这话时的表情，怎么说呢，就像干了一件很伟大的事情前来请功似的。我问她为什么要打儿子，她说：“昨天晚上我给他洗脚，我让他把脚踩在盆子的两边，谁知他竟把盆子踩翻了，水洒了一地。”我问她孩子都这么大了，为什么不让他自己洗脚，她说孩子从小到大，都是她给洗脚。我说：“就算你给他洗脚是对的，但是你想过没有，一个 10 岁的孩子，他完全能够自己洗脚，有很好的平衡能力，他把盆子踩翻，可能是你使他心烦意乱的结果。即便是不小心踩翻了盆子，也不能拳脚相加。一分钟前你是一个慈母，为儿子洗脚，一分钟后又变成了一个凶神。爱与恨的瞬间转换肯定会使孩子心理扭曲，孩子的心里怎么能够承受住这些？”

一些家长啊，有时候都让你觉得，他们生孩子的唯一目的就是为了实施折磨的，想起来让人心痛。

所以，说到是谁拿走了孩子的幸福，答案显而易见……

在错误中成长

不知从什么时候起，有一种惧怕错误的观念在我们心中生了根。就像这位母亲，不能允许孩子哪怕犯一点点错，一出错就非打即骂。在学校，也有许多与这位母亲观念相同的老师。

这是我想不明白的，为什么会有这样的观念？我们都知道一个很简单的道理：失败是成功之母，这样的话我们都说了上千年了。世界上没有免费的午餐，不失败怎么能有成功呢？正确与错误也是这样，它们就像孪生兄弟一样，没有错误也就没有成功。错误是有价值的，学校与家庭应该是一个允许孩子犯错误的地方。你只要考察那些成功者的经历，就知道他们差不多都是在大量的失败、错误当中一步步走向成功的。即使这样，那些所谓的成功者随时都会面临出错，甚至失败的可能。一个人，只要他活在世上，永远都有出错的可能。人们早就忘记这个道理了。许多家长以为孩子的大脑就像电脑一样，出现的错误不及时处理就会越积越多，所以，当孩子犯了错误的时候，成人总是想让他们刻骨铭心，永不再犯，甚至在孩子出错之前就加以提醒，这样做的后果是：孩子失去了认识错误和纠正错误的成长机会。

我们大人也会常常出错，为什么要求孩子绝对正确呢？人的优点总是伴随着对于缺点的克服而生长出来的，一个缺点也没有的人是平庸的。

课堂上，老师不允许孩子出错；在家里，父母不允许孩子出错，结果，孩子也就只能尽力不出错了。为了不致出错，他们只好收敛幻想，自我绑束，缩手缩脚。成人在禁止孩子出错的同时，也使孩子失去了通向正确、通向成功的机会。一旦孩子形成这样的人格，父母就不愿意了，就会说："哎呀，你看你看，你怎么一点想象力都没有？一点探索精神都没有？为什么胆子这么小？"父母不去反思自身，却毫无道理地责怪孩子。他们费了好大劲把孩子终于折磨成了胆小如鼠的人，现在，为了让他们胆大，又开始新一轮折磨。

关于错误，还有一个儿童心理成长机制与成人对错误的看法是否正确的问题，就是说，我们成人认为的错误在孩子的精神成长机制中是不是也是错误？有时候，在成人看来是错误的，对孩子来说是成长中的一种形态。孩子不是一个没有长大的人，而是一个内在机制与成人完全不同的人。即便孩子真的错了，最好的办法是不要先剥夺他"错"的机会，而让他亲身感觉到自己的错误，这比你直接告诉他不能这样做效果要好。当然，如果遇到特殊情况，我们可以告诉他什么是正确的什么是错误的，给孩子建立一个关于正确和错误的概念。

孩子的心智需要用"错误"作为养料以促进成长，他们只有在"错误”之中才能一步一步地走向“正确”。这就像粮食是人吃的，但它的生长非得靠粪便喂养一样。

所以，在我们中心，我们的口号是“在错误中成长。”不光对孩子，对老师、对管理人员、对我自己也是这样要求的。新来的孩子不敢下笔，我们的老师就会说：“某某同学，往错画，给老师犯个错误看看！画成狗屎蛋都行！”听了这句话，孩子便一下子轻松起来，对技术的恐惧就烟消云散了。孩子的教育，重要的不是得出正确的结果，而在于走向正确的那个过程。这个过程最有价值，也最能使人幸福。

现在,凡是来我们中心的家长都对我们老师的精神面貌啧啧称奇，说:“李老师,这里老师的状态太好了,我们在其他地方都没见过。”

为什么呢？最重要的一点就是不怕出错。我也像鼓励孩子犯错误那样鼓励老师出错，所以我们的老师特别放松，很勇敢，精气神儿特别足，工作对他们来说是幸福的。

种菜的秘密

常有家长问我：“李老师，我的孩子个性太强了，你说该怎么办呢？”我说那是因为你盯他盯得太紧了，要求太高了，能不能放松一下呢？她说：“我没有像你说的那样盯他呀。”我说：“如果没有盯，你怎么知道他的个性那么强呢？他的个性是针对谁的？是针对你的。是你认为他的个性不合标准，所以个性也就‘强’了。”

这种情形非常可怕，家长眼睛一刻不离地盯着孩子，家长自己还不知道。这样盯下去，就会发现孩子身上全是毛病，孩子做的全是错事。现在的家长活得真累啊，孩子本来没有那么多的缺点，或者缺点本来很小，但家长天天盯着，天天暗示，那些缺点就像上了化肥，迅速生长，直到缺点大得覆盖了所有的优点。

现在，我们的教育中心差不多变成治疗中心了。许多家长送孩子到我这里不是为了学画，而是为了来调整。比如，孩子不乖，好动呀，胆子特大呀，家长就把孩子领来，说："李老师，你能不能想想办法让我的孩子听话？怎么让他变乖一些？"如果孩子太乖，大人说话声音稍大一点都要吓得尿裤子，就把孩子领来，说："李老师，我的孩子太胆小了，能不能让他胆大一些？"或者孩子不爱学习，把孩子领来，说："李老师，我的孩子天生不爱学习，有没有改变的办法？"……这样的居多。

根据我的经验，大人越把孩子盯得紧、越想让他优秀，孩子就会越朝着大人不愿看见的方向发展。

就像我的老爸种菜，退休了，没事干了，闲得慌，就在院子里开了一块地，种上菜。成天盯着那些菜苗，扒拉来扒拉去的，结果，长势很好的菜最后全给扒拉得蔫头蔫脑的。

这让我想到，要做一个合格的菜农，首先要给菜苗生长空间；其次，在菜苗需要他的时候一定要出现在它的面前。在关注与放手之间把握分寸，这就是种菜的秘密，也是教育的秘密。

成人的误区在于，总想把孩子教育成什么样，而不考虑他的孩子能够成为什么样。

2 六重苦难

/ 贾子琪（7 岁）作品

天才在花丛中颤抖

我这里有个非常典型的例子能够说明这一问题，同时也能印证我关于“第二类家长”的说法。

前段时间我到外地讲学，到了一个城市，有个朋友说：“李跃儿，你要帮帮我。”我问什么事。她说她的侄儿快要不行了。我问怎么回事，她说，孩子本是个小天才，现在快被父母折腾坏了。

她给我看了孩子几年以前画的画，我惊呆了……这个孩子，在五六岁的时候就能把人的内在精神通过线条表达出来，这对孩子来说简直就是奇迹。比如，画他爷爷补鞋，扎针时使的那种劲儿，嘴抿起来、目光聚集、眉头狠憋的样子，往鞋里扎针时每一根手指的配合、手指的细节，手与脚的那种协调与呼应，全都画得活灵活现，甚至连比例都画得非常正确。这太让人惊叹了，因为这么大的孩子几乎没有能把比例画正确的。他对空间、体积也能较好地把握，爷爷的衣服里面是鼓鼓的身体，而不像我们经常见到的儿童画，衣服里面空空如也，什么也没有。最让人惊奇的是，他竟然能把人的受神经指挥的那种感觉表现出来……

就是这样一位天才，现在到了什么地步？用这位朋友——孩子的小姑的话说，一走到学校门口就要呕吐。逃学逃得有时候他妈妈好不容易把他领到校门口，一转身他又逃了。他妈妈气得直哭……

我问：“这是什么原因造成的？”朋友说：“全家不止一次地分析过这个问题，分析的结果有两条：一是天才儿童过于敏感；二是孩子性格中有过分追求完美的因素。就拿写字来说，无论是写作业还是打草稿，他的字非要写得像要参加书法展览那样，一笔一画，容不得一点点不好，所以写字的速度就很慢，作业常常完不成。完不成作业就会挨老师的训，挨训多了就反感学校，不愿上学。而家长呢，不是帮助孩子想怎样改进，而是火上浇油。这样恶性循环的结果是，孩子最终患上了抑郁症。心理医生说孩子得了抑郁症，父母还不相信，写信请教在美国的朋友，因为对方也得过这种病，没想到朋友来信说这样的状况就是抑郁症。”

说实话，我对这样的看法、结论还是心存疑问的。为什么呢？我从朋友的只言片语中了解到一些信息，这些信息让我觉得问题大概不会那样简单。我当时凭直觉认为问题可能出在大人身上。原来，孩子小的时候太优秀了，大人心劲也大，就像大多数家长那样非要把孩子培养得如何如何，为了这个，孩子的妈妈竟然一下子给孩子报了四个兴趣班，整个周末，大人与孩子都在疲于奔命，上午这个班下午那个班，今天这个班明天那个班，满城奔波。你想想，这样的结果，孩子能不厌烦学习吗？孩子的爸爸呢？他的教育观念是让孩子听话，方式极其粗暴，为了建立父亲的威严，动不动非打即骂，搞得孩子见了他就像看见了一头凶猛的狮子一样。

最糟的是，孩子的妈妈只要觉得某个兴趣班对孩子将来的发展益处不大了，不跟任何人打招呼，更不与孩子商量，突然有一天会给孩子报上其他的班，比如说学游泳。孩子不愿意，一路上放声大哭。你想这样的状态能学好游泳吗？家长要是事先跟孩子商量一下，孩子不见得不愿去。可是用这样的方式，不要说孩子，就是成人也逆反是不是？孩子大哭大喊，妈妈死拉硬拖。孩子在游泳池里边哭边游，永远都是最后一个。加上家里其他人对孩子的心疼、对孩子妈妈做法的反感，大家的这种态度又无形中加重了孩子的痛苦感觉。

后来呢，所有的班都放弃了，画也学不成了，孩子竟然发展到了躺在被窝里发抖、不敢见人的程度，无法上学，只好待在家里。他的妈妈完全绝望了，他的爸爸提都不让提这事。

我去的时候，孩子才重新开始试着上学。

你能说这样的父母不爱孩子吗？那位母亲都累出了心脏病。她完全有资格说：我是爱孩子的，我为孩子付出了一切。但是，这是一种什么样的爱呢？愚昧的爱。

如果把家庭的爱比作花园的话，愚昧的爱就是有毒的花了。可以说，宋子然这个小天才，他是被有毒的花儿伤害了，正在花丛中颤抖呢。这样的孩子不要说幸福感了，就连动物应该拥有的生存权利都成了问题。

所以，我在家长会上说："有些父母从不把孩子当人看。孩子在他们的眼里介于植物与宠物之间。爱心上来了就使劲宠着，没有爱心了就踢上一脚；让孩子学东西时就像个粗心的农民，根本不去考虑庄稼是否需要。为了表现大人多么会教育，逼着孩子处处优秀，至于这样做会给孩子造成什么样的伤害，他们从不考虑。"

六重苦难

我去的时候，一进门，孩子正好在家。他看了我一眼，又掉过头去看电视。从他的眼睛里，我就大致明白怎么回事了。这孩子一定受了极大的伤害，出于自我保护的本能，做了一个厚厚硬硬的外壳把自己包裹起来。还有，从他故意表现出来的那种不以为然的劲儿我忽然有了一种感觉：这个孩子今天肯定犯了错误，比如没做完作业什么的。但是我没吭声，也没找碴跟他搭话。

过了一会儿，他的妈妈下班回来了，我觉得她也不对劲。见了我虽然笑着，但很勉强，掩饰不住她的苦难——那种苦难的样子给我的印象太深刻了！腰弯着，身子往前拘着，两个肩膀是那样的……我觉得这个女人痛苦得快要不行了，痛苦得快要牺牲了，随时可能倒下，随时就会一个耳光扇到儿子脸上。明显感到她的内心有东西要出来，但被肉体压着……见了她你就会知道人的灵魂憋不住是怎么一回事了。

就在这个时候，朋友悄悄告诉我："宋子然今天又没上学……"

在这个家里，只要这个孩子有一天没去上学，他的奶奶背就更驼了，小心翼翼地、悄声细气地告诉每一个人："宋子然今天又没上学，不要说他了吧？"孩子因为没去上学，吓得不得了，怕妈妈发作，怕爸爸动粗。奶奶更怕，既怕儿媳不发作会憋出毛病，又怕发作了孩子受罪。老爷子呢，得了重病，快不行了，在这种时候家门这样不幸，被孙子搅成了这样，估计到死的时候也无法得到清静了，所以，一见孩子就吼：“走开！走得远远的！不要让我看见你！”为了躲开孩子，吃饭都要人端到卧室里去。

孩子的小姑，就是我那位朋友，生怕家里爆发战争，明里暗里调解……一个原本被大家看作极为优秀的孩子，现在就这样过着地狱一样的生活。

他的苦难有六重——爸爸、妈妈、爷爷、奶奶、小姑，还有他……在这个家里，没有一个人不是在地狱里生活，每个人都有一张苦难的脸、一颗苦难的心。对于这个家庭而言，应该将“谁拿走了孩子的幸福”改成“谁拿走了大家的幸福”才是。谁拿走了？孩子，还是大人？

可在孩子刚出生的时候，大家宝贝得不得了……奶奶说：“起个什么名字呢？起个什么名字呢？哎呀，就叫‘小宝一个乖’吧！”就天天“小宝一个乖”地叫着。小姑给孩子起了个名字叫“铁哥们”。爷爷、爸爸、妈妈，每个人都给孩子起了一个最能符合自己内心愿望、最能抒发自己情感的名字。这样，一个孩子就有了五个名字。而且，在对待孩子的态度以及教育的方法上也有了五种完全不同的形式，每个人都在使用自己认为最最正确的方法。但是，这五种方法，如果从孩子的角度而言，从儿童心理学、儿童成长规律而言，每一种方法都是错误的。就像金庸小说中的人物令狐冲体内的八股真气一样相互冲撞，孩子被折腾得没有片刻的安宁。我们不能否认每个人都对孩子怀有爱，但是，他们的爱反倒成了一种折磨。

就是说，在这样的家庭里，有没有价值观，或者说价值观正确与否倒成了次要问题，重要的是如何让价值观念达成统一。这个问题如果不能解决，比不好的价值观更能毁了孩子。长此以往，不但孩子被扭曲了，大人也被扭曲了。现在就是这个样子。当时我坐在那里想的就是这个问题。

坐了一会儿，我发现孩子不看电视了，坐在靠近门口的桌子旁边。桌上放着一盒棋，他把那棋拿起来又放下，拿起来又放下。我注意到，每当有大人从他的旁边经过的时候他就拿起那盒棋，大人过去之后他便将棋放下。

没上学使他成了丧家之犬。他由当初被五个大人宠爱、五个大人每人给他起了一个名字的“天堂”堕落到现在这样的“地狱”。但他又不甘心，所以就坐在那儿，摆弄那盘棋，希望借此引起家人的关注。但是每个大人从那儿过的时候都没有注意到这点。还有，因为今天又没上学，家里气氛一下子凝重到了硝烟弥漫的程度，孩子的举动中也含有验证的意思：每个人的灵魂都憋不住了、脸上的表情都痛苦成那样，这一切是不是因为自己造成的呢？这就像是，你得罪了我，我不理你，你就想方设法找我说话，来验证是假得罪了还是真得罪了。

再一个，他的这种举动还说明他不能主动跟人交流，不能缠着妈妈说：妈妈跟我下盘棋嘛，妈妈跟我下盘棋嘛。因为这样的举动只有具有优越感的孩子才能做得出来。

围剿与反围剿

你看，他一个举动里竟然包含着这么多内容！一个孩子陷在了五个大人的包围圈里！折磨，反折磨；围剿，反围剿，斗智斗勇到了这样的水平，实在让人感叹。

反围剿，就是想出各种各样的方法折磨人。比如，折磨他的妈妈。用他小姑的话说：我觉得我嫂子都不对劲了，痛苦得眼睛都凸起来了。宋子然一会儿让他妈妈为他干这个，一会儿又让干那个，没完没了。要是不能满足他的要求，他就会想出各种方法折磨妈妈。我跟他妈妈和小姑躲在厨房说他的事儿，他就爬到窗子上偷听。他的妈妈最后被折磨得，我刚才说了走路时的姿态，腰弯着，肩膀往前扛着，那种姿态，以及由姿态传达出来的苦难的信息，真是难以用语言描述。我想起有部苏联电影，名叫《战地浪漫曲》，里面那个男主角的妻子，那种既要忍受巨大痛苦，又要让人觉得她很坚强的劲儿……男主角因为爱上了另一个女人，又无法与那个女人结婚，半夜到街上去踢每栋楼的水管，后来被警察抓住。她的丈夫和警察骑在马上，她在旁边跟着……她走路的那个姿态，就跟宋子然妈妈的姿态一模一样。孩子明知道他不上学会使自己的妈妈很痛苦，于是，他就用不上学这样的方式折磨她。

他也很爱他家的狗，但只能在他高兴的时候，要是不高兴了，他就会反复折磨这只狗。

就是奶奶他也折磨，每天早晨，他的自行车在奶奶家走廊里放着，奶奶把车子提到门口，提前开始等啊，心想今天会不会又不去了呢？心急如焚地等着。直等到孩子出现了，捏紧的拳头才能松开。要是没有出现，不仅奶奶，整个家庭立刻就会变成地狱。

这孩子已经被大人折磨成……折磨出足够的智慧去跟大人较量，

他的智慧完全被扭曲了。因为智商很高，却又没有被正确地引导，所以只能朝着邪的方向发展。

心理学家说，和谐家庭的孩子会趋向和谐，暴力家庭会培养暴力，这话说得很对。

从心中长出众多的眼睛

你看，那么多的大人，没有一个看见、想到这样的情况，这种状况让我突然明白了为什么观世音菩萨会被塑造成千手千眼：一千只手，每只手心里都有一只眼睛，我想那是象征着观世音菩萨对生命的细致关怀！我想：所有的人都是渴望这样的、无所不在的关怀的。一个教育者——老师、家长，太有必要这样做了，太有必要从心里长出众多的眼睛了。怀着慈悲的心，无时无刻不在察看你的周围，并提供力所能及的帮助。

其实，宋子然已经在一个非常有名的心理治疗中心治了很长一段时间，不但没有效果，反而越来越差。那里的专家虽然都是心理学博士，但他们没有爱心，不去感悟孩子的心灵，只用书本上学来的那点东西进行技术操作。他们漠视人心到了这种地步，当着孩子的面大谈如果到日本做心理治疗能赚多少多少钱，在中国太亏。

如果缺乏爱，就是读了再多的书、掌握再多的知识、有着再高的学历，也不配去做这样的工作。所谓教育、心理等方面的知识，只有在爱的驱动下才能产生作用。

但是知识可以让你辨别事情的真相，比如宋子然，当时全家人没有一个知道他为什么要那样摆弄棋盒，这个原因只有我知道。我还知道，除了这些之外，他还盼望有人跟他下盘棋。可是，所有的大人从他眼前走过的时候，没有一个人想到这点，也可能他们都害怕与这个孩子较量。小姑过来了，说："噢，买了一盒棋！""唰"地过去了。奶奶过来了，说："今天没上学，就是为了这盒棋！""唰"地又过去了。妈妈过来了，一声不吭，也"唰"地过去了。

当时我甚至有一种梦幻般的感觉。就像安东尼奥尼电影《红色沙漠》中的镜头一样，这帮人过去了，那帮人过来了，重复来重复去，简直就像幽灵似的。可是没有一个人想起、注意到那个给他们造成痛苦的点，更没有人想办法去面对这个点。

这种情形让我很难受，那孩子用这样的方式想引起人们的注意，想跟人下盘棋，他内心的这种需求得不到任何人的关注，因为他们关注的是他没有上学这件事情，而不去关注孩子需要什么，我实在看不下去了，就走了过去……我说："宋子然，这是盒什么棋呀？"孩子显得特别吃惊，也很激动，他说："这是动物棋。"

我说我从来都没见过动物棋，请他打开让我看看。他将棋打开。我说："天呀，这里还有狮子老虎！"他说："还有老鼠啦！"我说："老鼠怎么走呀？"他说老鼠可以跳河的，下河以后谁都不能吃他，但得拐个弯儿才能跳出来。

我说："这棋肯定很有意思，能不能教教阿姨？"他妈妈在一旁立刻说："作业还没做完呢！"

我说："这样吧……"在我说的时候赶紧给他的妈妈挤了一下眼睛，但是她的心力早已衰竭，没有感知到我给她做的这个小表情，"让宋子然先教我下盘棋，再去做作业。做一段时间作业，再教我下一盘棋，然后再去做作业，怎么样？"孩子兴奋得满脸放光，扬起手，在我的手上拍了一下，说："嘿，成交啦！"便立刻教我下棋。在孩子教我下棋的时候，他的妈妈、奶奶、小姑非常好奇，她们不明白，这样一个封闭的孩子怎么会跟一个刚到家的陌生人下棋呢？一个个全都围了上来，马上觉得孩子还是很优秀嘛，脸上也在放光，自豪的光。

这中间我故意悔了一步棋。在我的棋子被他吃了许多之后，我说不行不行，再下下去我要死定了，我悔了一步棋。马上，一种很优越的神情浮现在孩子的脸上，很得意的样子。我知道我的第一目的达到了——使他找到了自信。

接下来，我终于抓住他一个破绽，吃掉了一个关键的棋子，他也要悔棋。我不同意，于是两人争执起来。这样，我的第二个目的也达到了——使他有了胆量。

他要悔什么棋呢？他的猫本来在另一个位置上，被我吃了之后他又说不在那个位置上。我说我刚才悔棋是因为我不会下，我是弱者；你现在悔棋不是这样的情形，这是两码事。

就在我俩争执的时候，奶奶、妈妈、小姑就开始给他帮忙。我们许多人在如何帮孩子这个问题上概念糊涂，他们不明白给孩子帮忙是应该"帮他做事"还是"不帮他做事"。真正的帮助不是帮他做事，而是帮他自己做事，这才是真正的帮助。

奶奶说："没错，小猫就在那个位置上。"另外两人也是这种观点。

她们还暗示我，让我放孩子一马。我还在坚持，这时有人用手指捅我的腰，边捅边说："就是在那儿，就是在那儿。"我说："好吧，看在你妈妈、奶奶和小姑的份儿上，我同意你悔这步棋，但下不为例。"

虽然事情由于大人的干扰没有完全按照我的设计发展，但是后来还是达到了第三个目的——使他进入"忘我"的境界。当他下赢这盘棋时，我装作很丧气的样子说："宋子然，你真厉害！"接着，用他家人的话说，简直就是奇迹，因为进行了那么久的心理治疗也没有出现过这样的情况。小家伙满脸放光，"嘿"地拍了一下我的手，进去做作业了。这样，我便达到了第四个目的——让他感到自己尽管是个小孩，但在智力上甚至比大人还要聪明。

这时候还发生了一件事……他不是进去做作业了吗？可刚刚进去很快又出来了。我清楚他出来不是因为作业写完了，而是他要知道我已经非常赏识他的聪明与智慧了。我没说："怎么，这么快作业就写完了，你简直太了不起啦！"我没有用这样的方式，而是说："呀，这么快就写完啦？"除了让他感到我的赏识之外，我还要试试他是不是能够履行我俩之间的协议，是不是在我这样说的时候也会顺水推舟地过来下棋。

我说："呀！这么快就写完啦？""没那么快！"他说，"喝了一口水。"一副大人对小孩、高智商对低智商的神情。喝完水，"唰唰"进去了。然后，他的妈妈也跟着进去了。

做完作业，孩子出来了。他妈妈也跟着出来了。

我跟宋子然又下了一盘棋，又拍了一下手，他又一次进去做作业了。做完作业，临走的时候他又跟我拍了一下手，说："阿姨再见！"

然后拿着篮球走了。

我发现，我又达到了一个目的——让孩子有了幸福的感觉。

孩子刚走，奶奶一脸神秘地凑到我跟前："哟，可了不得。这孩子第一次跟陌生人下棋，以前可从来没有过。"

我是想用这样的方式看看他是不是真有抑郁症。有抑郁症的孩子一般不会那么大方地主动跟一个陌生人拍手。要是我主动跟他拍手，得了抑郁症的孩子只会很弱地触一下我的手掌。就像我们常常在生活中遇到的，比如，有的男人跟你握手的时候很有力量，而有的只是沾一下而已。你认为这两种男人哪一种有问题？

宋子然不但拍手，而且主动来拍，拍得很重。

托着狗脸唏嘘感叹

我心想必须要跟这家人谈一谈了。因为返程的车票都买好了，时间很紧，我只能跟孩子的爸爸妈妈谈。我是分开跟他们谈的。我问孩子的爸爸，孩子之所以变成这样，主要原因是什么，他说是妻子和家里人过度溺爱的结果。

我问："能说说你跟孩子现在是一种什么样的关系吗？"他说："这孩子怕我，怕我，他怕我。"我问为什么怕他，他很自信地讲了一通，归结为一点："只有他怕我，才能让他写作业。孩子跟任何人在一起的时候都不能把作业完成，只有跟我在一起的时候才能把作业完成。而这孩子不上学的原因只有一个，就是完不成作业怕受到老师的批评。”

他边说我边在纸上一条一条记录。说完了，我用笔把他说的那些连起来。我说：“你看，你这样的做法已经造成问题。比如说，你想表示自己亲近，去摸孩子的头，但孩子将头摆向一边。你很伤心，就去摸狗的头。你把狗脸托在手掌里，边摸边说看啊看啊，多么漂亮的一张脸啊。在这个家里，你竟然无法托着儿子的脸大加赞扬，只能托着狗的脸唏嘘感叹！你觉出这里面有什么不对劲的地方了吗？

“你想过没有，你在事业上极其成功，但是事业的成功等不等于人的成功？当你老了，挣了几千万甚至几个亿，住的是洋房，开的是洋车，所有朝你投来的目光都满含尊敬，可你的儿子不跟你说话，对你冷若冰霜，他连基本的生存能力都没有，甚至因为有了暴力倾向，犯了罪，进了牢房，如果真是这样，你心里会是什么滋味？

“现在我们看看，你的孩子为什么一进商店就没完没了地要东西？为什么天生懒惰、早晨不愿起床？作为孩子的爸爸，你为他花起钱来非常大方，而孩子的妈妈认为你做得不对，就用相反的方式去做，特别节省，这是对你的做法的一种反对。或者说，孩子特别不满妈妈的死抠，就会在跟你出去时变本加厉地多要东西。

“我们再来分析：一方面，孩子认为家里很有钱，可以让他放开花；另一方面，因为孩子在跟妈妈出去的时候无论要什么都不会得到，更加强化了他对物质的贪婪。这是心理需求而不是物质需求。又因为他在要的时候那样艰难，因而在他内心产生了一系列心理问题。出于这样的缘故，即使孩子最终得到了他想要的东西，比如说玩具，也会失掉初衷，就是喜爱和玩的欲望，他不喜欢那些玩具了。接下来，他就会很快地将这个玩具破坏，是不是这样？

“更严重的是，你用打的方式想在孩子心里建立起你的威信，你有没有想过，用这样的方式建立起的威信好比把大楼建在沙滩上一样，能有多少稳固性？”

这位爸爸说他已经差不多有一年不打孩子了。我说：“尽管孩子一年没有挨打，可孩子心里留下了深深的创伤。虽说不打了，但影响并没有消失。尤其是，尽管你不打孩子，但是你的脸色往往比打更能引起孩子的恐惧。”

我问他：“假如有人得了阑尾炎，是吃去痛片呢还是打针消炎？去痛片当时可能很管用，但炎症还在，接下来可能要命。打针是慢功，他的肚子还要继续痛上一阵。你要哪个？”他说当然要打针了。

我说：“你打孩子、给孩子脸色就是去痛片。现在孩子还小，你可以让他因为怕你而去完成作业，但是当有一天他不怕你了，或者你不在他跟前了，他还能不能完成作业？”他说那可能不会。

不要走进迷宫

我说：“所以你要改造自己，要重新学习，掌握教育孩子的正确方法。”

他说他并不是没有方法。我说请举个例子。他说为了锻炼孩子的毅力，自己看电视时专门让孩子坐在旁边写作业，并说："儿子，这是我的节目，我能看你不能看。"

我说这叫精神折磨。如果是个不爱看电视的孩子你这样做还说得过去，关键是，宋子然是个爱看电视的孩子。

我说我有个小小的请求，今天谈话这件事不要对你的妻子说。我与当妻子的也是这样说的，我要让他们互相保密。我没有告诉丈夫我也与他的妻子谈了，但我让妻子知道与她丈夫谈话这件事，只是内容有所隐瞒。为什么要这样做呢？因为做丈夫的尽管事业很成功，但他还没长大、还没有成熟。他身上有一些童年遗留下来的问题没有得到解决，这让他的妻子非常痛苦。我告诉妻子也与丈夫谈过话，这样妻子就可以暗地里按照我说的方式对丈夫进行调整。要是告诉丈夫我跟妻子谈了，而他的妻子回家与他商量教育孩子的事，他就会认为妻子可能揭了自己的底，使他失了面子，他也就对做这件事从内心深处产生抗拒。我要让他觉得自己是个男子汉，他有义务也有能力调整这个家。我要把这种责任感放回到他的肩上。在跟妻子谈的时候，我只是向她暗示，她的丈夫与她的儿子一样也需要调整，其实妻子也得调整。同样的问题我可以对妻子说，却不能对丈夫说，原因是丈夫有一些事情不能承受，说得不好，还会造成不良后果。

当时我觉得，这简直……简直就像走进迷宫一样。

唉，人心这东西解决起来真难啊，世界上最难对付的大概就是人心了，尤其是人心对人心，要不然怎么会说清官难断家务事呢？在这个家里，如果丈夫能够承担一部分事务，比如，用爱来教育孩子，那么妻子就能分出时间进行自我调整了。如果妻子将自己调整得精神愉快，打扮得也很漂亮，家里搞得也很温馨，丈夫在这样的环境中就会感到很舒服，就会反过来更加关注妻子与孩子，这样就能进入良性循环。如果家庭的氛围发生了变化，再来调整孩子，就会容易得多。

这个家庭真到了非得调整的时刻了，不调整可能会面临更大的麻烦。就说起床这件事……因为晚上睡觉，丈夫、妻子、儿子，还有他们家的猫，四个全都挤在一张床上。如果一个 12 岁的孩子早晨不愿起床，你就要想想原因了。如果只让孩子起床而大人不起，孩子当然要进行这样的抱怨了："为什么叫我起，爸爸自己却不起？"

遗憾的是，这件事直到现在仍然没有出现我所预想的结果。开始时确实起了作用，那边打来电话，说从孩子到大人都开始改变了。但是，这种问题真是冰冻三尺非一日之寒，解决起来太难了，得有这么一个人在他们身边，时时帮助，解决他们不能解决的问题。

这个孩子在儿童心理治疗中心治了半年时间，毫无效果。为什么没有效果，关键是治疗人员没有抓住问题的根本所在。调整孩子先要从调整成人开始。调整孩子的关键是调整成人。在与大量家长打过交道之后，我发现，孩子所有的问题如果追根溯源，几乎都会追到大人那里。只有大人调整过来了，调整孩子才有了可能。许多家长不明白这个事实，比如宋子然家，表面上好像是孩子拿走了大人的幸福，实际呢，正好相反，是大人拿走了孩子的幸福，所以造成了恶性循环的局面。

做这样的事要走进孩子的内心，从调整大人入手。这让我想起了画画，如果你想画出正确的苹果颜色，必须将苹果周围的颜色一同考虑进去。如果不考虑环境色，你永远也画不出正确的颜色。

其实，这样的观念在中国已经开始流行起来了，从家长入手的教育已经越来越被重视。

唉，像宋子然这样的孩子实在太不幸了，但这还不是最可怕的，最可怕的是，孩子的父母至今仍然意识不到这个问题，他们关注的重点根本不在这里，这才是最大的悲哀是不是？我们的教育者最不愿考虑或者说最漠视的，而我认为最重要的，就是孩子是不是活得幸福……

第六章

把孩子脸上的笑容找回来

父母在给孩子提供物质需要的同时，更要提供精神方面的东西，提供精神食粮。在这方面，外在的因素只是个引子，主要还得靠家长自己的努力。只要勇于改变自己，就算以前有什么失误，即使拿走了孩子的幸福，最终也能还给孩子。

1 一对惊恐的大眼睛

/ 侯玉婷（4 岁）作品

乞丐的启示

说到幸福，怎样才算幸福呢？我想每个人都有自己的标准与感受。这是一种“如人饮水，冷暖自知”的东西，只有自己知道，很难用语言描述。

我给你讲一件事，或许这件事能把我心中对于幸福的感觉说得清楚一些。四五年前，在一个夏天的黄昏，太阳快落山了，我听到有人敲门，就走过院子把门打开。我看见门口站着一位胖胖的、脸蛋红扑扑的老太太。她是一个乞丐，脸上露出灿烂的笑容，与当时夕阳西下的景色十分和谐。当时我想，乞丐一般都是脏兮兮的，穿得很破烂，而且呢，即使不想愁眉苦脸，也要装出愁眉苦脸的样子。可是眼前这位老太太，穿得干干净净，满面红光，那种快乐的神情实在让我有些奇怪。

我就问她了：“您身体这么好，为什么不去劳动而要出来讨饭呢？”她笑着说：“安徽发大财啦！”她的话让我一时反应不过来。正在我苦思冥想这是什么意思的时候，突然，那位老太太放声大笑起来，边笑边说：“啊呀！你看我你看我……我把‘发大水’说成‘发大财’了！”她的话也让我哈哈大笑……笑声中，我给她端来满满一碗大米，然后，向那张在夕阳西下的辉映中发着光亮、充满快乐的胖脸道了一声再见。

她走了以后，我还在笑。一个人，咧着嘴巴……而且还不知不觉唱起歌来，边干活边唱。当我发现自己唱歌的时候，已经唱了老半天了。

在那个夕阳西下的傍晚，我活得很幸福。我的幸福居然是……一位伸出手来向我乞求施舍的老太太给的！而且，那位施舍给我幸福的老太太比我生活得艰难许多，但是她的心中，幸福的含量肯定要比我多出许多……

幸福的概念

这件事能给我们一个启示：人幸福不幸福，并不取决于他有多少财富、过着多么奢侈的生活，而在于他的内心有没有酿造幸福的工厂，有没有对于“幸福”这个概念的准确理解与把握，有没有获取幸福的智慧。就是说，作为人，他能不能认识幸福，知道什么才是幸福，如何获取这样的幸福。要是没有这种能力，亿万富翁也会彻夜难眠；要是有了这样的能力，乞丐也会唱着歌儿讨饭。你说是不是这样呢？从这个意义上讲，有了这种能力，就会幸福；相反，他就不会幸福。如果一个人觉得不幸福，你能说一个钱很多，或者官很大的人是个“成功人士”？

所以，我觉得，人生的根本问题是：人为什么活着以及怎样活着。人活着为了成功，成功呢？为了幸福。什么是成功？什么是幸福？我的观点是，成功，是内心的成功；幸福，是内心的感觉。这就是我对于成功、对于幸福的理解。

当然，对于个人而言，我们不能对事业、追求、金钱不闻不问，人活在世上离不开物质的支撑。但是，如果我们不能将物质的追求建立在精神的追求之上，那么我们极有可能追求到的只是痛苦。追求幸福的正确态度是以超然的心态做事，而超然心态的形成是以树立正确价值观作为前提的。

一个人如果活得不幸福，不但失去了活着的价值，也很难取得成功；即使成功了，那也只是别人眼里的成功而不是他内心的成功。再说，一个不幸福的孩子就不会拥有幸福的父母；孩子、父母都不幸福了，这个家庭也就不幸福了；不幸福的家庭多了，整个国家、整个人类的幸福水准就会大打折扣；如果人类生活在不幸福之中，尽管文明非常发达，你能说这就是我们人类需要的文明吗？

我认为，现在的文明，很大程度上只不过是物质的文明罢了。在精神层面上，人类可以说正在倒退。人从“动物”圈里面跳出来，称为人，主要是在精神层面。如果人类只追求物质而忽略精神的话，那与动物没有什么区别。

所以，我们的审问，应该审问到“现在的文明是不是文明，我们需要什么样的文明”这样的层面。

人类的价值观应该建立在这个基础之上。如果在这个基础上重建我们的价值观的话，就算用世俗的观点，往广里说，就会大大减少过分不择手段拼命争斗的情形，而使整个社会越来越朝着良性的方向发展；往小里说，比如个体的人，超然心态等于为他提供了极好的心灵保护，使他避免被过分焦虑之类的情绪伤害。

这对教育、对孩子尤其重要，要是我们的教育者——老师、家长，能够站在这个角度看问题的话，我们的孩子就会比目前这样的状态幸福许多。

一对惊恐的大眼睛

有年暑期，我正在上课，二画室的老师来找我，说李老师，有个新来的女孩叫白梦吟，有些不太对劲。我问怎么不对劲？他说，眼睛不敢看人，目光散散的，从来不说话。

他带我来到班里，把孩子指给我看。我叫了一声白梦吟——就见她小身子抖了一下，两只眼睛直勾勾地望着我。那是一对怎样的眼睛啊！我敢说，那是我见过的最让我难忘的眼睛了——美丽，却又充满惊恐。那种感觉就像是看见了一头待宰的小鹿……我想无论是谁，见了这对眼睛都会为之伤心的！

当时啊，我觉得……我觉得就像是我的儿子面临危险，有一种不顾一切想保护她的冲动使我朝她走去！

我来到她的面前，慢慢蹲下来，两手轻轻地扶着她的上臂。可是，就在我的手掌与她的身体接触的那一瞬，白梦吟浑身猛地哆嗦一下。我立刻明白怎么回事了：这孩子肯定被大人吓坏了。我心里隐隐作痛，拿开手，试探性地轻声慢气地与她说话，可是，无论说什么、怎么说，她都不吭一声。在我向她说话的时候，那对美丽的眼睛自始至终都像待宰的小鹿一般，目光滑过我的肩头，看着远处。

我立即打电话，把她的父母叫来，问他俩谁主管孩子的教育，谁平时动不动就向孩子大喊大叫。两人听了先是一愣，又迅速对望一眼。妻子说：“李老师，我家孩子运气太不好了，在学校遇上那样的班主任。”我问怎么回事，她说：“孩子的班主任生活不顺，离婚了，心情不好，就把气全都撒到了孩子头上，全班的孩子都不能幸免。现在，已经到了这样的地步，比如，有一次，白梦吟在学校得了感冒，回来的时候发着高烧，半夜醒来，爬起来要做作业，怎么都拦不住，说如果写不完作业明天她就怎么怎么，硬是起来把作业做了。”这时候，我看见那位丈夫用埋怨的目光迅速地瞥了妻子一眼，妻子毛了，说：“你这么看我干啥？好像都是我的责任！”丈夫说：“怎么没有你的责任？我看咱们的孩子变成这样，首先是被你吓的。”妻子火了，简直是暴跳如雷，你要是见了那张脸，就会明白她孩子的眼睛里为什么会有那样凄惨的光了。妻子吼叫说：“你老说我对孩子如何如何的，你说！不这样行吗？如果按你的方法，咱家孩子不知还会变成什么样呢！”

说到这儿，她大概觉得有些失态，就朝我勉强地笑了笑，说：“李老师，你不知道我家孩子有多么犟，一道题明明做错了，让她改，她死活不改，硬说老师就是那样讲的，怎么说都不听，你说气人不气人？”丈夫说：“那也不能打嘛！”妻子说：“不打，不打能改吗？”

我赶忙制止他们的争吵。我全明白了，但该如何让他们明白呢？我告诉那位糊涂的母亲：“难道你还不明白白梦吟为什么半夜起来做作业？为什么明知错了还要坚持？她是被老师吓的呀。你的孩子太可怜了。在学校，她要承受苦难；在家里，你又雪上加霜。现在，她一见老师就惊恐万分，就像绵羊遇见了狮子！孩子处在这样的境况里，连我们这些不是她的亲人的人都伤心得要命，作为孩子的母亲，你的心里难道就生不起丝毫的怜悯？”

后来我发现，白梦吟不光是得了严重的恐惧症，她还没有思维，她的大脑差不多一片空白！

请鲁迅走出坟墓

有些教育者，尤其是家长，之所以把孩子折腾成这副模样，原因主要来自他们对于教育的误解。

对于教育的误解来自对人才的误解，对人才的误解又来自对成功的误解，而对于成功的误解呢？来自对幸福的误解，是不是这样？

尤其是对于幸福的误解，许多父母考虑不到，他们总认为他们的幸福就是孩子的幸福。他们想象的幸福与孩子心中的幸福背道而驰。他们误解了孩子的幸福。

他们认为，只要孩子吃好了穿好了，在物质上要什么给什么，孩子就幸福了。他们以为，只要孩子能考个高分，进入前几名，考上一个好学校，孩子就成功了。至于考上好学校能不能真正成功，或者取得了父母认为的成功是不是孩子内心的成功，他们并不关注，而对于这样的成功会不会使孩子感到幸福就更无所谓了。

这种对于人性的忽视，使某个教育专家非常愤慨，他说："我们的教育，不把孩子折腾残废誓不罢休！"

有时我甚至想，要是鲁迅先生活在我们这个时代，他会做何感想呢？他会不会忍不住再次呐喊"救救孩子"？

2

孩子7岁在『偷情感』

/ 申上赟（9 岁）作品

名牌偷窃者

漠视、误解、践踏孩子的幸福会造成什么样的结果呢？我说一个事例：一所名牌大学里发生过这样一件事情，有一个从贫困山区考来的学生，家里好不容易给他凑够了学费，使他能够如愿以偿。可是进了学校之后，他就发现同班的同学说名牌，穿名牌，互相之间比名牌，自己的寒酸简直让他羞愧难当。他很想拥有一件名牌，但是没有钱！随着时间的推移这种渴望越来越迫切。怎么办呢？有一次，他发现阳台的铁丝上晒着一条名牌短裤，看看周围没有人，他就鬼使神差地拿走了。

本来当时拿那条短裤的时候他心里还是很害怕的，想着肯定会有人寻找，可是呢，几天过去了没有人问，他也就心安了，心想原来东西这么容易得手。而且，在拿这条短裤的时候以及拿了以后，他的心理得到了一种刺激，一种愉悦感。从这以后他就收不住闸了，不断地顺手牵羊，以至于成为一个名牌偷窃者，他箱子里的名牌快要塞不下了。

这时候，大家发现有人专偷名牌，但是没有一个人想到他就是那个小偷。因为偷来的名牌他从来不穿，他的穿着依然像以前那样朴素，甚至比刚来学校的时候还要朴素。有一次，他的偷窃行为终于露馅了，被抓之后，人们送他去看心理医生……

为什么送他去看心理医生？因为从表面看，他的行为是道德问题，其实是心理问题。比如贪官，有些贪官贪的钱太多，多得没地方放，存到银行害怕人查到，就往床底下塞。那些钱都被虫子咬了，多得几辈子都花不完，还要往回拿。明知自己根本不需要这么多，为什么还要继续贪呢？为什么？

说到这儿，我想起一个笑话，有个小偷每天都要偷东西，不偷就受不了，有天晚上实在没有东西可偷了，就偷了块石头放在屋里。

表面看，这是物质贪婪，往深里看，其实是心理需求，再往深处看，就是精神、情感需求了。就是说，他的精神、情感从小没有得到满足，他的这种需求扭曲了、畸变了。当然，我们不能说所有的偷窃行为都是这样，但是，起码有很多属于这种情况。

孩子 7 岁在“偷情感”

有位妈妈，家里开百货店，生活很富足。可是有一天，她发现孩子在偷店里的钱，于是把孩子打了一顿，可是，从那以后，那个孩子狂偷不止，五十、一百的钞票一偷就是好几张！偷了钱干什么呢？乱花一通，见什么买什么，买来也不珍惜，扔得到处都是，要么胡乱送人，要么扔进垃圾桶。孩子的妈妈甚至这样要求孩子，她说：“你以后不要偷了，你要什么妈妈都给你买行不行？”还是不行。后来家长就打，用火去烧他的手，他还是照偷。

家长痛苦得不行，来找我。我问她：“在你发现孩子有偷窃行为之前是不是天天在孩子耳边叨叨，要他勤俭节约，要他想想挣钱多么不易？”她说：“是，家里生活应有尽有，我担心孩子在这样的环境里会变坏，长大了会成花花公子的。”我又问：“你是不是经常忙于经营，没有时间照顾孩子，甚至连跟孩子说话的时间也没有？”她说是。我说：“就这两条就足够了。我敢断定，你的孩子不是偷钱，是在‘偷情感’。

“因为你太忙，没时间与孩子进行交流；又因为你在钱的问题上过分严厉，这样就激活了孩子对于钱的欲望。作为人，尤其是孩子，其实最看重的就是情感的需要、精神的满足，他内心的要求你又达不到，这样，他就只能转而寻求物质的满足了。你把孩子对于情感、对于精神、对于幸福的需求全给扭曲了。

“当孩子第一次偷钱的时候，不过是想满足一下你不能使他满足的愿望，可是，当他再偷的时候，他发现这种偷窃使他得到精神的满足了。你说你孩子偷了钱，乱买东西，买来就扔，你想不通这是怎么回事，我来告诉你：你的孩子不止需要物质方面的东西，他是用偷钱得来的‘刺激’作为他的精神代用品。你看，拐来拐去，还是拐到了精神层面。尽管孩子心里不知道，但他确实在做这样的事情。”

我说：“有没有幸福的感觉对一个人来说太重要了，只要是个人，天生就需要这种感觉，孩子尤其这样。人的幸福主要来自精神满足，你的孩子得不到，他没有一个情感的、精神的家园。所以，他会变着花样寻找，找到了这种畸变的形式。现在，我说你的孩子不是偷钱，是在‘偷情感’，没说错吧？”她说：“李老师，你这样一说我就明白了。”

这就是说，只要父母不能够在精神方面满足孩子，不能使孩子获得幸福的感觉，在物质方面，不论是过分谨慎还是过度放任，最终都会造成孩子对于物质的贪婪。

父母在孩子成长的环境中，控制什么就导致贪婪什么，控制他的玩，他就对玩贪婪；控制他的食物，他就对食物贪婪；控制金钱，他就对金钱贪婪；控制他的学习呢，他就对学习贪婪……

对于学习的控制，就是不能满足孩子对于学习的需求，就是让他得不到。比如，那些贫困地区的孩子，上学的欲望反而非常强烈。

从这个意义上说，有些贪官为什么贪到那样的地步，那个名牌偷窃者偷得刹不住，我们就不难理解了。就是说，父母如果在教育方面方式不当，就会在孩子内心形成一块贪婪的土壤。

精神食粮

当然，家长不是故意要这样做，而是因为不知道这样做的后果。尤其是，他们总以为自己的孩子生活在幸福之中。

像我这个年龄的人都有这样的体验。在我们小的时候，虽然物质很贫乏，生活很艰苦，但在我们的记忆里还是很幸福的。那时候没有电视，大人也很放松，到了晚上，家家户户的孩子就集中到院子里，或者到街上，甚至到山上，喊："娃娃娃娃来耍来，大人不要娃娃耍。"然后，开始玩过家家呀，开始把《地道战》《地雷战》之类的电影从头到尾演上一遍。在这样的过程中，我们的文化、艺术、参与、合作等方面的能力得到了锻炼与提升，情感、心灵也得到了极大的满足。等到妈妈喊我们回家睡觉的时候，其实我们是带着极大的满足感离开的。

而现在，尽管物质方面很丰富，孩子也有很好的玩具，但是他们再也不可能有那种将一部电影从头到尾演下来的环境了。他们只能待在钢筋水泥之中相互隔绝，一些幼儿园、学校、社区不能为孩子提供这样的环境，能让孩子玩过家家、挖沙子。有一天，我碰见我们的一位家长，我问她在干什么，她说联系车，想买一车沙子。她说："李老师，我好说歹说，小区终于同意由我出资在小区里面放一车沙子，这样孩子们就能玩了。"

这是一位懂得教育的家长，她知道孩子还有敏感期，知道玩对于孩子很重要。她还知道那车沙子其实不是沙子，而是孩子情感的归宿、幸福的象征。

有些家长怎么看的？那是刚在银川办学时，有天为这个问题专门开了一次家长会，当讨论到能不能给予孩子这样的幸福的时候，家长几乎全都成了反对派，他们担心惯坏了孩子。

说到惯坏孩子，成人也有误解。我们分析一下，比如，那个把幸福当成想买一大堆零嘴坐在床上吃的孩子，他所需要的到底是什么？是物质，还是物质背后的东西？

在我与他的妈妈谈了之后发现，孩子对零食的需求的确是精神的需求。他的妈妈告诉我，这孩子太喜欢吃零食了，不限制就会惯坏了他，不限制他，他会不吃饭专吃零食的。

那么，我们要问，孩子对于零食的这种强烈欲望从哪里来？是天生的呢，还是被某种媒介激发出来的？我认为是被激发出来的，是被孩子妈妈“限制”出来的。因为妈妈再三限制，再三强调，于是，零食便成了世上最好的东西，成为他的幸福，他梦寐以求的东西。这孩子成了“贪官”，专门“贪”零食。这中间，妈妈的行为不但没有帮助孩子削弱对于零食的渴求，反而使愿望更加强烈。她是在帮倒忙，将孩子对零食的需求转化成了心理需求。如果得不到解决，这种心理需求就会遗留终生，要是这个孩子将来能够获得一官半职，很可能也会成为贪官。

要是孩子妈妈对于孩子的心理需求能够正确认识，她就会采取相反的方式，或者将两种方式结合起来根据不同的情况具体加以运用，最起码不会进行“暗示”，每天唠叨，说吃零食多么多么不好，怎么怎么影响吃饭，会如何如何影响身体发育，如何如何影响学习，等等。如果能正确地引导，那个孩子很有可能对零食的兴趣越来越淡，直至不感兴趣。我对我的儿子就是这样，结果非常成功。

有些父母真的很奇怪，一方面放得很开，孩子要什么给什么；另一方面又严加限制，孩子的要求总是不能得到满足。如果分析一下我们就会发现，多数父母无法恰当地把握分寸，给的总是孩子不需要的，孩子要的一般不给，而不给就会出问题。我们常常读到这样的消息，某某成功人士突然跳楼自杀，什么原因也没有，之所以自杀，是因为生活太没趣了。什么都干过了，什么都享受了，再往下活就没意思了。我们可以肯定这个人从童年起就没有在精神方面得到过真正的提升，他的心理在精神层面没有得到过真正的满足，心灵没有升华。他的所有追求一直停留在物质层面，精神对他来说永远是个盲区，所以导致找不到幸福。在物质层面，所能享受到的全都享受过了之后，空虚感就会将他淹没，这个时候，剩下的唯有一条路——毁灭自己。

父母一定要以此为戒，在给孩子提供物质需要的同时，更要提供精神方面的东西，提供精神食粮。

在这方面，外在的因素只是个引子，主要还得靠家长自己努力。就算以前有什么失误，只要勇于改变自己，即使拿走了孩子的幸福，最终也能还给孩子。

3

把孩子脸上的笑容找回来

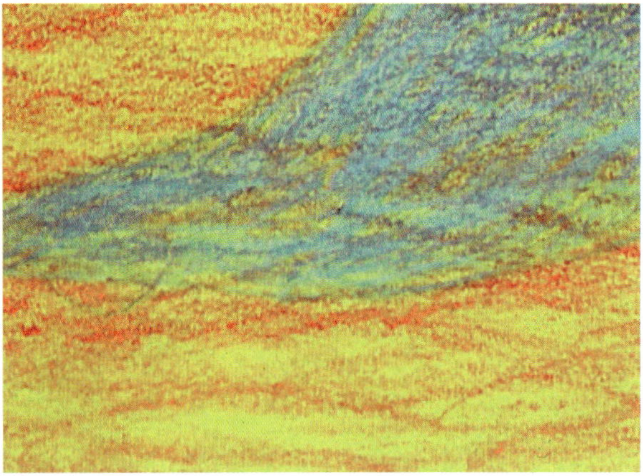

/ 刘逸生（7 岁）作品

王欢不会笑

有个叫王欢的孩子，刚见到他时，他的瘦弱与敏感以及闪着刺目光亮的眼睛让我着实吃了一惊。他看上去像一个被吓坏了的透明的小玻璃人，而他的爸爸又高又壮，像一座铁塔，一见面开口就是："李老师，我不是让孩子学画来的，我家王欢不会笑，能不能想想办法？"

他的声音就像打雷，震得我耳朵嗡嗡直响。

其实不用他说，只要看见这种场面，我心里就能大致明白。

我想起西方现代著名作家卡夫卡有一封写给他父亲的信，信中反映他小的时候被父亲拉去游泳的情景——父亲健壮高大，孩子又瘦又弱，卡夫卡当时的心情是恐惧、自卑，还有生不如死的感觉……我认为，世上所有要将自己的强壮显示给孩子看，以此要使孩子强壮的父母，都应该看看卡夫卡的这封信。或许父母不是故意显示，而是感觉不到，也不是十分清楚他们的状态对孩子会造成什么样的负面作用。

卡夫卡就有这样一个父亲，卡夫卡呢，又是个极其敏感的孩子，这种情形和王欢与父亲之间的关系几乎一模一样。要是王欢的父亲不做改变，几十年后，王欢大概也会写出这样一封信来。

卡夫卡一辈子都没有走出父亲的阴影，他的所有作品可以说都是以对父亲的控诉作为基调的。我们随便举出几部作品，比如，《变形记》《地洞》《城堡》，基本上都有他父亲在里面作怪。

尽管文学方面很成功，但作为人，他活得太失败了。他一直没有找到自信、幸福这样的感觉。就连结婚他也找不到自信，定了吹，吹了定，最终还是没有结成婚。他活着的时候一直默默无闻，他的作品生前很少发表，许多作品都被自己烧了，临死之前还写了遗书，要朋友把他的作品全部烧掉。就连那封信，他也一直没有勇气递到父亲手里。

由此可见，父母的不当行为对孩子的影响太深远了。

心理学家说，成人的心理疾病差不多全部可以追溯到人的童年时期。有这样一个案例：有个十几岁的孩子头上有一处不长头发，他被送到心理学家那里，在深度催眠的状态中，他喊出这样的话来：踢死你！踢死你！一边喊一边颤抖。这是怎么回事呢？经过调查，事情最终被查清了。原来，还在母亲怀他的时候，有一次父母打起来了，他的爸爸大喊："踢死你！踢死你！"有一只脚踢在了母亲的肚子上，那个地方正是他的头部，就是现在不长头发的地方。

通过那次治疗，没过多久，头发就长出来了。

有时候，心理疾病就是生理疾病。那个孩子还在娘胎的时候，他便受到了惊吓，心理问题成了他不长头发的原因。

显然，王欢也受到了惊吓，只不过不是在娘胎里。

那天，家长送完他离开时，小王欢紧紧抓住爸爸的衣角，大哭着死不松手。这样的情景在我们中心常常能够见到，但是王欢的哭声太凄惨了，到现在，只要提起这件事情，我的耳边还会回响起他的哭声……

魔鬼方程

后来我发现，真像他的父亲所说，小王欢确实不会笑。而且，无论问他任何话，或者试图用任何方式与他交谈，他都会目视前方，没有反应。

进班的一个多月里我从没见他笑过。上课时从来不动，两只空洞的眼睛一直就那么似看非看地朝向座位的前方。要是我们把人脸比作一面镜子，无论老师怎么吸引，同学们的情绪怎么热烈，热烈得闹翻了天，这一切从来都没在王欢的“镜子”上看到任何的映像。

记得最清楚的一次，是我们带着孩子到公园里画画。老师让孩子们排成一队，一起走，王欢不动身，老师低下头劝他，凑近他耳边劝了足足十几分钟，他才吐了三个字：“有坏人。”

老师说：“就算真的有坏人，几个老师来保护你，你也不用害怕。”然后再劝，这才劝下楼。

我找来他的爸爸，问他：“你的孩子确实不会笑，你知道是什么原因吗？”他的爸爸使劲儿挠头，尴尬地笑着，说他也不明白到底咋回事儿，反正孩子就是不会笑。

我问，小时候呢？比如一岁、两岁。他说那时候都很正常。我问从什么时候开始孩子不会笑了，他挠着头，挠了半天，说：“好像从4岁开始。而且，从那个时候开始胆子越来越小。”

我说：“你是不是也为孩子胆子小这事非常担忧？”他说是。我又问：“你是不是想了许多办法？”他说是。我说：“能不能说说，你是怎样做的？”他说：“李老师，为了让孩子克服这个毛病，能想的办法我都想尽了，比如，让孩子站到窗台上，游泳时硬将他推下水，甚至晚上把他一个人留在家里，大人特意离开……”

我说：“4岁的孩子正是想象力开始发展的时期，常常分不清想象世界与现实世界的界限。别的不说，就说你把他单独留在家中，这个家在他心中极有可能变成魔窟，家中每一个角落都会引起可怕的联想，他会越来越恐惧，胆子会越来越小。在心理学里，这叫失去了安全感，这种情形在你孩子身上已经很严重了。你不知道孩子有多可怜，他那颗小心灵承受了多大的痛苦你知不知道？他甚至没有诉说的权力——你一次次往他的伤口上面撒盐，但他只能默默承受。这样的孩子怎能笑得出来？

“再说，你这么强壮，孩子这么弱小，你还专门将你的强壮显示给他，使他更加自卑，还有你想的种种招数……你的方式在一些发达国家已算犯法了，孩子12岁之前是不可以单独留在家里的。我打个比方，你等于列了一道魔鬼方程，使他深陷其中。他以为只有跟你在一起才是安全的，所以才那样依恋你。这一切，都是由于你太想让他胆大才成为这样的。”

孩子的爸爸听了十分恐慌，问我怎么办。我告诉他对症的办法，比如，每天无论多忙都要找时间与孩子聊天，要完全打消“锻炼胆量”的念头，收起所有不恰当的方式，无论什么时候，绝对不要让他感到亲人动不动就要离开他，要在孩子心里形成亲人始终都在帮助他、保护他的印象，这样才能重新建立起安全感来。再也不要在孩子面前说他胆子小、不会笑，你在任何场合当着孩子的面这样说都等于暗示。一旦孩子略微表现出勇敢的举动，哪怕只有一点点，也要立刻给予表扬……

把孩子脸上的笑容找回来

我与老师们一道进行了专门讨论，寻找方法。当时我想，无论花费多少心血，一定要把孩子脸上的笑容找回来。

大约两个月之后，有一次上课，班里的老师把孩子分成两组，随手在黑板上面画了两组线条，让孩子们轮流上去把线发展成画，哪一组画得最好就算优胜。

当时，班里气氛被老师搞得很热烈，孩子们大都等不及轮到自己，可是到了王欢，怎么劝都不上去。现在想起来还觉得好笑，当时那位老师大概急昏了头，不管三七二十一，抱着他跑向黑板。到了黑板跟前，把他放在凳子上面，抓着他的手，在黑板上画了一下，然后转过脸对全班说："王欢变得勇敢了，大家为他鼓掌！"

其实，当时因为抗拒，画上去的那一笔轻得几乎看不见。

这之后，小王欢回到自己的凳子上，我发现他有了些变化，每每有同学上去时他都抬头看着，大概是注意人家怎么去画。我悄声告诉两位老师："有戏，再加把劲。"

其中一位老师站起来，对另一边说："呀，A组的同学领先了，怎么办啊？"B组同学听了，全都愤愤不平，从小板凳上抬起屁股，一个个上蹿下跳的，这时候再看王欢，发现他脸上肌肉开始松动，有一种似笑非笑的神色若隐若现。

我丢了个眼神过去，老师心领神会，说："王欢，我们组眼看要输了，能不能帮帮老师？"王欢的小屁股终于从凳子上面抬起来，刚抬起来又坐下了。于是，老师大叫：“B组的同学，欢迎王欢同学拯救我们！”掌声“哗”地响起，王欢磨磨蹭蹭地抬起屁股，朝我看了看，我点了点头，向他伸伸拇指，他便犹犹豫豫地上去了。上去之后呢，在黑板上轻轻地画了一下。

这真是历史性的一笔啊。那位老师激动得不得了，她是那种反应极其灵敏的老师，为了王欢，专门找了个理由，她说：“这一笔非常有创造性，又让B组赶上来了，大家感谢王欢！”B组的孩子每人伸出两个手指喊了一声“耶——”，“哗”，又一通掌声。

接下来发生了我企盼已久的事情——王欢笑了！我当时都想流泪，心想：王欢总算笑了，不是那种放得很开、很灿烂的笑，是那样的……很难描述的那种笑，怎么说呢？与其说笑，不如说哭。大概由于好长时间都不笑了，他已经不会使用脸上的笑肌了，所以，只能用那种僵僵的表情表示。

那天下课的时候，我发现小王欢不断地盯着门口，妈妈一出现，他就跳着跑过去，兴奋地说着什么。我看见他妈妈又吃惊又兴奋，不断地点着头，脸一下也变漂亮了。这之前，她为孩子都愁出了病容。

后来，有一天他从我身边经过，走过去又走过来，给了我一块小巧玲珑的水果糖，我马上将糖塞进嘴里，并使劲吧嗒着嘴。我看见他又笑了，笑得很甜，我笑着跟他说了声谢谢。

从那时起，大概有三四个月，每次见了，王欢都会扑向我，坐在我腿上聊会儿天。

再后来，他已经顾不上我了，我和其他老师早已习惯了王欢大喊大叫地在孩子中间追逐嬉戏，他成了那个班上发言最积极的孩子之一，而且是说话声音最响亮的孩子之一。

后来，我以校长的身份给他写了一封感谢信，感谢他为班级做出的贡献。那封信寄到他妈妈的单位，再由妈妈转交给他。听他妈妈讲，小王欢听完信说："妈妈，我都快哭了，要是再有一封信我就哭了。"

现在，当你看见他，会发现小王欢浑身每个细胞里都充满着幸福。他终于成了个幸福的孩子。而获得这一切，与他父母的努力是分不开的。他的父母……是那种错了就改、很配合的家长，我常常为他们的努力感动不已。要是没有他们的配合，只靠我们教育中心是无法做到这一点的。

其实，在我教育或者挽救一个孩子的时候，所使用的方法几乎不用思考，它就像是从我心里流淌出来的似的。

我想，成人的人性如果发展得很好的话，就能自然找到最正确的方法对待孩子，因为人的天性当中就有这样的机能。野猪是最有母爱的动物，而家猪常常会吃掉刚刚出生的孩子。野生的老虎和狮子也是最会抚养幼崽的动物，但圈养在笼子里的老虎和狮子由于它们的自由和幸福被剥夺，心灵变得扭曲，丢失了自然赋予它们的本性，也会发生吃掉自己幼崽的情形。

人也是这样，自由与幸福一旦丢失，同时也丢失了自然赋予的那种机能，无法用成人的心灵回应孩子的心灵，只好用思考的方式，而思考往往是不能回应心灵的，这也是为什么人类在教育方面有时会缺少方法的原因之一。

第七章

幸福的小篮子

只要父母能够找回自己的幸福，你的孩子也就生活在幸福之中了。

渐渐地，父母、孩子的幸福就会越来越多，如果内心真的有一个积攒幸福的小篮子的话，总有一天，篮子里的幸福就会多得盛不下，溢满你的心田……

1 把心带回家

/ 虎行健（5 岁）作品

忙碌的鸽子

我觉得，我讲的这一切，表面上是在讲教育孩子的问题，实际上对于成人也一样适用。

既然成人的心态关系到孩子的幸福，那么，如果要从根本上抓的话，必须先从改变成人的心态、观念做起，先让他们找到幸福的感觉，要是找到了，他们就幸福了，孩子也会跟着幸福，只有幸福的孩子才会健康成长。

成人要坐下来，或者夜深人静的时候好好考虑一下自己在干什么，干的是不是正确的，是不是有意义的。

我们高喊自己生活在一个多元的世界里，但是同时，多元也带来了混乱。各种各样的价值观相互冲突，以至于我们无法选择，人们就在这种多如牛毛的价值观里迷失了自己。

看看我们都在忙些什么？你走进一个原始森林，抬起头看见高高的树冠上回旋的都是幸福美好的阳光，而我们在生活中所追逐的，都是些阳光从树隙中散射下来的星星点点的东西。我们对生活的要求总是不能让我们感到满意。有了 50 平方米的房子还想要 80 平方米的，有了 80 平方米的还想要 100 平方米的，有了 100 平方米的还想要二层小楼，有了二层小楼还想要小汽车……我们的欲望什么时候才能满足？不能满足就无法得到幸福。就算有一天我们的所有愿望全部得到满足，我们是不是还会像那个所谓的成功人士一样从楼上跳下去呢？

在《小王子》那本书里，小王子一颗星一颗星地旅行，有天来到一颗星上，发现有个人不停地在做算术题，想算清他到底占有多少颗星星，所以夜以继日，长年累月，连停下喘气的时间也没有。小王子说：“你为什么不看看日落？”他说没有时间。做什么他都没有时间。小王子叹了口气，说：“你简直不是个人，你是一只蘑菇。”

我们人类就像这位蘑菇先生一样迷失了，迷失在欲望之中了。所以我们很难找到真正的幸福，活到老都不会感到幸福。这就像一位智者说的那只忙碌的鸽子，从日落的时候开始造窝，想造一个最能给它带来幸福的窝，结果忙了整整一夜，到了太阳升起的时候，它被累死了。那位智者很同情这只鸽子，说它整整忙了一夜，忙得连眼睛都没有闭一下，任何幸福的滋味都没尝到就被累死了。

除了造窝，我们还要扮演各种不同的角色，想起来也确实是够难为人的。在单位，要扮演一个好职工，一个好领导；回到家，要扮演好父亲、好母亲或者好儿子；到了周末，还得扮演好女婿、好儿媳，唯一不能扮演的就是自己。

在我们把每个角色卸下来再去扮演下一个角色的那个空隙时间，我们偶尔会感到很可悲，觉得被这些角色拖得实在受不了，我们感觉不到自己的心灵到底在什么位置,不知道怎样让自己的灵魂平静下来，营造一个好的心灵空间，使我们具有精神力量，能够去感悟，去享受生活带给我们的美好。

如果成人没有足够的智慧找到自己的幸福，怎么能让孩子做到这一切呢？

幸福成了奢侈品

作为人，我们大都远离了人的本来含义，远离了真正的自我。我们在无休无止的所谓活动中浪费生命。我们的生命大都消耗在了过分地讲究速度、拼搏的旋涡中了，消耗在由于把成就、成功、金钱、权力看得过重而造成的紧张焦虑中了，在这样的过程中，几乎每个人都感到很累，喘不上来气，感觉不到幸福。

因为文明出了问题，价值观出了问题，我们已经被训练得成了忧伤、索取、焦虑、嫉妒、绝望、贪婪甚至是仇恨、伤害之类的大师了，被训练得一旦面对失败就会垂头丧气，一旦面对刺激就会暴跳如雷，一旦面对利益驱动就会不择手段。这种情形已经严重到了这样的地步，我们不必刻意，只要遇上这样的情况，就会本能地让这些负面的情绪自动生成。

我们应该紧紧抓住生命的核心，自然地活着、真实地活着，将一切欲望、焦虑、紧张化为超然。

但是现在，已经很少有人能说“啊，我真幸福”了。如果哪天有个人这样说，人们会以为他在开玩笑，甚至……还会嫉妒。

这种现象说明了什么呢？说明啊，幸福已经成为奢侈品了，这种现象太可怕了。

所以，我们真应该像那位智者说的那样，不要光顾着做一个忙碌的鸽子，要把心带回家，带回到心的真实本性状态。既然幸福是内心的感觉，只要把心带回家了，也就是找到了幸福。

把心带回家

这样说并不是要让我们消极，并不是停止进取、探索与奋斗，而是要将这些建立在一个正确的价值观上，建立在精神的、心灵的、人文的基础上，建立在爱上。我们的双脚踩着大地，但是，我们头上应该拥有一片开放的天空，是不是？大地是我们生命得以保存的基础，天空呢，是我们心灵的家园，是我们得以幸福的理由。大地坚实、肥沃，天空广阔、无垠。我们应该每天进行大地与天空的对话、大地与天空的对接，直到天地融合为一。我觉得，只有做到这一点，我们才会找到真正的幸福，不会枉活一生。

真的，我们应该把心带回家，成为幸福的主人。

可是，由于长期以来我们在价值观方面出了问题，对幸福产生了误解，我们的心已经被蒙上一层厚厚的尘埃了，不要说把心带回家，就是把心找到已经十分困难了。我们被蒙蔽得找不到自己了，我们甚至被分割得支离破碎，不知道自己是谁，不知道认同或者相信自己的哪一部分。我们的内心充满相互矛盾的声音，指挥系统全乱套了。

我们的心竟然无法保持片刻的安静，我们的心焦虑不安到这样的程度，以至于虽然活着，却像阴魂那样四处飘零。调查证实，那么多的孩子、那么多的成人有着严重的心理问题，这说明了什么呢？难道我们人类所要追求的就是这样的结果？

但是我们别无选择。我们已经被不正确的东西、被愚昧武装到牙齿了，除了解除这样的武装我们还能有别的选择吗？我们能够让愚昧缴械投降吗?

为什么从成人到孩子这么多的人都感到不幸福呢?为什么有些父母将家庭变成了孩子的地狱呢?如果不能让阳光的毯子把我们包裹起来,不能走出愚昧的牢狱,不能在心中种植宽容、旷达、理解这样的种子,不能克服负面的心态——进行自我的心理治疗、焕发出人性的光芒、把心带回家,我们还有更好的选择吗?

我相信,只要父母能把心带回家,你就能像被过滤器皿所过滤,就像虫子正在脱皮,那些错误的、愚昧的东西渐渐会被剥掉,你在孩子心中便会成为一座大山。

只要父母能够把心带回家,就能把孩子的安全感和幸福感找回来;要是孩子的心已经丢失,你也能帮他找回;只要父母能够找回自己的幸福,你的孩子也就能够生活在幸福之中。渐渐地,父母、孩子的幸福感就会越来越多,如果内心真有一个积攒幸福的小篮子的话,总有一天,篮子里的幸福就会多得盛不下,溢满你的心田……

这话说起来容易,做起来很难。

2

用阳光化掉乌云

/罗文（6岁）作品

找来的痛苦

当我们说到“谁拿走了他们的幸福”的时候，我们知道，孩子的幸福的确是被人拿走了。我们也知道，成人的幸福也被拿走了。孩子的幸福是被成人拿走的，成人的幸福是被谁拿走的呢？是成人自己。

如果成人有足够的智慧，有完整的心灵空间，他们的幸福就无法被拿走，孩子的幸福也就有了保障。我觉得，对于成人来说，最要命的是，每个人都紧紧地抱着自己的痛苦不放。他们是在拥抱痛苦，而且，许多痛苦都是自己找来的。当痛苦来临的时候，许多成人心里就会不断地想着这个痛苦：天哪，这样的事情怎么让我遇到了？真是太痛苦了！走着呀，站着呀，坐着呀，躺着呀，脑海里一幕幕全是痛苦的影像。由于抱着痛苦不放，幸福就被赶走了，没有容身之地了。所以，我认为，一个人幸福不幸福，全在于有没有认识幸福、酿造幸福的智慧。

对于许多人来说，本可以生活得很幸福，一个乞丐都能幸福地生活，我想我们再差也比一个乞丐生活得好吧？既然如此，为什么幸福成了一种奢侈品了呢？我认为这是我们自己的过错。我们许多人，比如，在跟同事、领导相处的时候，可能会患得患失——要是做个老实人，可能就会默默无闻窝窝囊囊，谁见了都想欺负你；要是不想这样，不甘居于人下，就会引起别人嫉妒，那也会很难受。真是进也不是退也不是，脑子里全是这些东西，被占得满满的。

再说呢，每个人都会或多或少有几个合不来的人，每当发生这种情况时，对方就会让我们很不愉快，这种不愉快的感觉很可能就会在我们心里待上很长时间，甚至一生。这个时候，我们就会想：我不能这样窝窝囊囊，我一定要反击，我一定要赢。于是，下次见面的时候，你就会翻上她一眼，她也朝你翻一眼。再下次，或许你会狠狠地啐上一口。要是那人也跟着啐，你就会想着下次该怎么收拾她了；要是她不啐，那就证明你厉害，你就赢了。因为你赢了，你就会找到幸福的感觉。幸福好一阵子甚至好几天。要是人家想出更狠的招数，而你不敢回应，你就会输，就会难受好长时间。

事业上也是这样，我们想让自己成为有钱或者有名的人，要是达到了，我们就会洋洋得意，就会得到暂时的幸福，但是，如果心态把握不好，这种幸福就会稍纵即逝，因为你会发现还有更大的目标吸引着你，需要你去拼命，这样你又不幸福了。

我想：但凡稍稍有点阅历的人，都会发现现实中几乎全是这样的事。我们许多人都会将这些不幸福的事装在心里折磨自己。假如你跟别人发生了冲突，就会觉得别人很糟糕，就会长久地不愉快。这真像有句话说的那样，我们是在用别人的缺点惩罚自己。而且，你所认为的别人的缺点并不一定就是缺点，很可能还是你的缺点。但是一般人不会这样想，而是觉得都是某某人搞的，是他造成了我的不幸。

我们知道像团队精神呀、沟通能力呀、包容呀这些都很重要，我们希望自己的孩子能够具有这样的素质，但是我们是怎样做的呢？如果我们希望孩子幸福，就先看看我们自己是不是幸福，如果不是，就应该想想办法，让自己幸福起来。在我看来，人的幸福或者不幸福，全在一种观念、一种心态。

有个搞教育的朋友问我："李跃儿，我是把教育放在第一位，儿子放在第二位，丈夫放在第三位，你呢？"我说："儿子第一位，丈夫第二位，家庭的美好与和睦第三位，画画第四位，教育第五位。"她"哇"的一声，说："你怎么这么讨厌啊。"还打了我一拳。

这也是实话。我在心中就是这样排位的。但是，实际上，我在教育上花的时间最多。我现在努力改变自己，像旋风一样，对先生，炒两个好菜、买一瓶啤酒，他就会高高兴兴的。旋到儿子跟前，搂一搂，亲一亲，让他撒撒娇，他就会心满意足的。到爹妈那里也是……他们都高兴了，我也舒服了，就可以痛痛快快地做我喜欢的事了。这个时候，就是我在教育上面花的时间再多，他们也不觉得了。所以，对一件事情的看法、如何处理，全看你怎样看待、怀着怎样的心态。

怎样获得这样的心态？途径之一，就是通过某些方法训练自己。那个智者的办法就很好，如果你有个仇人，有个曾经使你非常憎恨的人，你怎么办呢？在你工作之余找个地方坐下来，闭上眼睛，试着呼吸，让幸福与痛苦交换。你吸的时候，想着吸进仇人的痛苦，呼的时候呢，呼出幸福送给他。刚开始做的时候会很难，做不到，那你就从你的亲人开始，从你的父母、爱人、孩子开始，从你的朋友、同事开始。你得慢慢练习，然后逐渐扩展到其他人、不冷不热的人，直到你的仇人。

当然，在你这样呼吸的时候，不可能真的把别人的痛苦吸进来，也不可能把他们的不幸吸到你身上。这样做的目的是为了能把你从痛苦当中解脱出来，这是解脱的呼吸。尤其是这样能让你的心胸宽广，具有宽容精神，能够无私地包容他人。要是在你呼吸的时候真诚地想着把自己最为珍贵的东西送出，现实中你就能做到善待他人。你要是能够善待他人，你就能善待你的孩子，就能找到真正的幸福。

一条河与一缸水

我的体验是，这样做是很难的。比如，我们终于训练到可以对家人、对同事慈爱，但是，忙碌了一天之后，回到家里时，你会发现这一切全都消失了。你会用我们遇到的任何一个没有这种修养的人所使用的态度对待你的家人，甚至有时候还会朝他们声嘶力竭地发泄。许多孩子就是这样被吓坏的。许多家庭就是这样被分解的。这是为什么？因为我们内心的那个爱没有源泉，或者说泉眼太小，水量不够。你内心的慈爱要是一条河，别人拿走一缸甚至十缸你会感觉不到给了别人，所以也不会计较别人回报你什么；如果你内心只有一缸水的话，你给了别人一碗，你就会很在乎这件事，等待别人回报你。如果你是这种心态，还有什么幸福的感觉呢？

对这个问题我有着很深的体会。到了我们教育中心，看见那些孩子，觉得他们可爱呀，觉得每一个孩子都像带着黄嘴的小鸟一样，就会情不自禁地把他们揽在怀里。对家长也是这样，他们所有的问题我都耐心地解答，不厌其烦地把我的教育理念从头到尾讲上一遍。一回到家，我就感到自己的心灵再也没有力量了，当我洗脸、照镜子时，我会发现自己的脸上写满了疲倦。这个时候，要是我的儿子稍微有点闹，我就会受不了；要是我的先生对我说一件什么事，我就会叫他停下。有一次，我的先生实在忍不住了，他说李跃儿，你怎么就不能用对待学生那样的态度对待我们呢？

那句话把我点醒了。我坐下来，闭上眼睛，心想：这是什么问题呢？那是因为在我心里慈爱的库存远远不够，我在教育中心把仅有的那点慈爱全都泼洒出去了，回来之后再也掏不出慈爱给我的家人了。这个时候，我就试着用一下那位智者的方式，看看能不能把我刚才惹我先生生气的不愉快吸到我的身上，能不能再把我的幸福送给他。这样进行了几次，我发现我的心态变了，越来越能够体谅他让我觉得不舒服的地方，而且发现他的可爱之处越来越多。

对于儿子也是这样。如果我连自己的儿子都不能给予慈爱，我给予其他孩子的只能是假爱。那么，就让我重新从对待家人开始训练，从我最亲的亲人开始，从对父母、对孩子、对先生开始做起。后来，我又试着对朋友这样做，试着用我的爱心把他们全都包裹起来。再后来，试着对我憎恨的人、曾经伤害过我的人这样做。

但是我发现，这样做起来太困难了。

用阳光化掉乌云

不知别人怎么样，就我来说，我甚至常常想起小时候的某个同学，想起他如何如何伤害过我。也想起从小到大所有伤害过我的人。这说明了什么？说明我是一个记仇的人，说明我没有从因为伤害所造成的痛苦中解脱出来。

但是，从理性的角度讲，这样的伤害肯定是相互的。俗话说，一个巴掌拍不响……我想到的只是他人拍出的那个巴掌，想不到自己的巴掌。我只是想当时他怎么惹我，他对我说了一句什么话让我恨到现在。这些事让我到了现在心里还是不舒服，不舒服积多了，肯定要占领我心里本应盛着幸福的空间，而且，积到一定时候还会爆发，会恶性循环。

曾经有段时间，我发现，人如果这样持续下去的话，就会时时刻刻习惯性地寻找不愉快了。总在东张西望，看看谁最烦人。结果，所有人都出毛病了，而且呢，你会从一大堆烦人的人里挑出一个最最烦人的人来跟他较劲，你烦人家，人家烦你。

有一个曾经伤害我伤害得很深的人，我走到街上，发现有个人和她非常像，我想：呀，是不是她呢？我紧走几步，就是为了证实是不是她。直到发现不是她，我才松了一口气，但心里有些遗憾。人家都走远了，我的眼睛还在看着。我为什么要看着她呢？这说明我的内心出了什么问题呢？也可能那个伤害过我的人早就忘了当初的事，而我还在耿耿于怀，还在自己折磨自己。我为什么自我折磨呢？为什么不把我的幸福送给她呢？我想我应该自我拯救了。拯救自己，就是拯救他人。

现在，我试着用呼吸的办法吸收某个曾经恨过的人的痛苦，呼出幸福给他。我要做到哪一步呢？我要使自己达到对待所有人都一样，每个人身上都有可爱的地方，把人作为艺术品欣赏。可是当我闭上眼睛的时候，比如，对某个痛恨的人，我的意识会突然打开，发现很难做到。也有成功的时候，但大多数时候都很失败。我想向他人送一件物质的礼物是容易的，我们可以花上一些钱买个礼物，微笑着送给他人，甚至你恨的人，这都能做到，但是要你从心里掏出幸福送给他，尤其是把他的痛苦、不幸往你的身上吸的时候，你发现真的很难。

这就像用阳光把乌云化掉，先化开一点云缝，这样光线就射下来了。

3 收藏幸福

/ 蔡诗杰（7 岁）作品

幸福的小篮子

当做到一定程度的时候，你会发现自己开始幸福了。有个人说，每个人都应该有意识地在自己心中留一个空间，让它成为盛放幸福的小篮子。幸福储存得越多，幸福的感觉就越强。

为了储存更多的幸福，在日常生活中你就要刻意收集一些东西放进篮子里，就像集邮一样迷在其中从不间断，这样，你的收藏就会越来越丰富，就会把篮子盛满。

比如，那个夕阳西下里满脸笑容的乞丐，那是我的篮子里一件珍贵的收藏……

饭后散步的时候、去公园的时候，或者一个人走在街上，留意身边的事情，比如，你看见一个穿着雪白的连衣裙，扎着两条小辫子的少女，坐在春天公园的长椅上，她在聚精会神地折着一个小纸鹤，阳光照在她的脸上，衬着后面的荷花池，那种感觉美得简直就像一幅油画。你可以停下来，安静地欣赏这个幸福美好的画面，然后闭上眼睛，把它收进你的小篮子里。

你走在街头，看见一个小男孩，他满身散发着幸福，大口地吃着冰激凌，那种享受的感觉，你就该把它收集起来。

在一片树林里，突然看见一片树叶，被阳光照得像玉石般晶莹透亮，挂在一道暗绿色的背景上，这片叶子给你一种幸福的感觉，你就把这种感觉收集起来，放进你的幸福的小篮子里。

在大自然中，每一片叶子、每一束阳光、每一朵鲜花，还有每一种好的感觉，都应成为你收集的内容。

我记得在美院上学的时候，有一天我正在低头刷牙，突然觉得有一股热热的东西浇在了我的身上，我抬起头，看见一个小男孩站在二楼的阳台上正在朝我撒尿，那尿全都撒在了我的背上。我一回头，发现在场的人全都看着我，看我有什么反应，可是我哈哈大笑起来。因为我觉得这个孩子特别特别可爱……

还有一次在马路上，正好有洒水车从那里经过，许多行人躲闪不及，结果招来一片咒骂声。但是有一对情侣笑得弯下了腰，他们不是把打湿了衣服当作尴尬的事情，而是觉得非常开心。

在我们教育中心，这样的收藏就更丰富了。比如，白梦吟，那对惊恐的眼睛终于不再惊恐；还有杨一帆的那只小海贝，虽然丢了，但珍藏在我的心里；甚至张容那满天飞舞的驴粪蛋也成了小篮子里面的珍贵藏品。

我觉得，所有的父母如果要找回幸福、要让他的孩子幸福，必须要在心里放进一个幸福的小篮子。他不光要为自己收集，也要帮孩子收集，送一些不同寻常的礼物给孩子，放进孩子那个小小的篮子里。比如，那个希望到沙滩上去玩的孩子，他的父母是不是应该请一天假，少拿一天的工资，带着他到沙滩上玩个痛快呢？那个从来没有在零食上得到过满足的孩子，他的父母是不是应该来上这么一次，买上一大堆，让他吃个够？

千万不要说“我已经定型了，就这样了，我做不到”这样的话。要是你真的做不到，那就由进入大自然开始。因为大自然永远都是灵感的源泉，是恢复与治疗心灵的良药。你可以到田野里散步，去欣赏草叶上面闪着光亮的露珠，或是躺在草地上，仰望天空，让你的心扩展到无际的宇宙之中，让头上那片天唤醒你心里的另一片天空。你可以让月光给你洗澡，洗去你心中的污垢，安抚你的心灵。父母必须要有超越自己的意识，要有超然的心态，否则你不可能培养出具有超然感的孩子。

超然感很重要，要是一个人能够带着超然的心态做事，就不会感到那么累了，而且更容易把事情做成。

我的老父亲当了一辈子兵，打了许多仗，现在老了，突然喜欢起鸟来了。我给他买了只八哥，他就天天教它说话，结果八哥老是你好你好的，一股纯正的山东腔。到后来，父亲发现八哥竟然能够与自己进行情感交流，他就幸福得不得了，天天站在八哥跟前看呀看呀，教完一句再教一句，把它喂得又胖又油，我每次看见这个八哥就觉得像个小孩似的。有一天，我的母亲听见电话响，一接是待拨号音；过一会儿电话又响了，再接还是待拨号音。后来，她发现，原来是八哥在捣鬼，电话铃声是从它的鸟嘴里发出来的……

我的阿依夏

我的藏品里，有一件让我永远不能忘记。那是1986年夏天，我跟我的先生到新疆天山的塞里木湖边画画。那是个夹在五座山峰中间的高山湖，山上的雪常年不化，在阳光的照射下就像白色的火焰一样耀眼。半山腰是密密的松树林，山脚是绿绿的草原，草原上点缀着牛羊和帐篷。

那是个安静得没有一点声音的地方。我俩坐在湖边，看着深蓝的湖水，觉得真像到了仙境。

我俩住在一家哈萨克人的家里。这家人给我最深刻的印象是他们待人不是用现代人那样的客气，而是用天然的直率。从那以后，每当我在钢筋混凝土的房子里患得患失的时候，我就想起这家哈萨克人……

比如，有一天，我俩正坐在草原上写生，看见前面过来一队人马。哎，这队人马怎么这么奇怪呀？既熟悉又陌生，有点儿似曾相识的样子。至于怎么熟悉，我也说不上。正想着，他们也看见了我俩，就大呼小叫地朝我们打起了招呼："哎——阿依夏——哎——加勒肯——"我一听，这不是我们的主人卡孜姆一家吗？因为好多天他们一直叫不准我俩的名字，所以就给我们起了哈萨克的名字，我名字叫阿依夏，就是月亮光的意思，我家先生叫加勒肯，就是浪子。我俩也赶紧向他们打起了招呼。走近了，我才明白为什么这帮人看起来这么怪——原来他们把我们的衣服，包括衬衣、袜子、帽子、凉鞋……还有那把漂亮的英吉沙长刀全都披挂在他们自己身上去参加婚礼。我感到眼熟的是我俩的衣服，陌生的是那些个脑袋，因为平时见惯了他们的穿戴，一改装反倒认不出来了。所以，那感觉就像除了脑袋以外是我们自己骑在马上一样……

他们穿了我们的衣服，见了面丝毫没有不好意思的表情。他们的观念里就没有这样的东西。

最让我忘不了的是，有天他家来了一帮亲戚，其中有一个在外地念书的大学生。那个学生大概觉得自己见多识广，已经被现代文明开化了，知道在这个世界上有骗子这么回事，所以也怀疑我俩是骗子，要审查我们，拿着我们的证件翻来覆去地看，看看是真是假。当时我伤心坏了。因为那时候我俩与这家人已经处得就像一家人一样了，他们的羊丢了我们帮着去找，他们去说亲、娶媳妇的时候，我们去给他们充门面。就是在这样的情况下，来了个亲戚，怀疑你是骗子，我们当时真是难以说清，因为他不相信我们的证件，所以感到特别屈辱。正在这样难受又尴尬的时候，男主人回来了，他就像雷吼一样，一手拨拉开他的亲戚，说："噢，尼曼，你在干什么？"然后指着我说："这是，我的阿依夏！"指着我的先生说："这是，我的加勒肯！"他用这样的话："我的——我的阿依夏！我的加勒肯！"我的眼泪"唰"地就下来了……

这既是一种幸福的感觉，又是一种被信任、找到亲人的感觉……那种感觉让我觉得，我就是他的宝贝！直到现在，每当我重温"这是我的阿依夏"的时候，我就觉得在这个世界上，有个人像铁塔一样站在我身后。他有雄厚的力量、结实的肩膀，我小鸟依人一样站在他的前面。他就是以这样的方式给了我幸福。我们这个地方的人看来，卡孜姆一家显然不属于文明开化的人，但他们就像伊甸园中的亚当和夏娃那么单纯，以完全没有被文明污染的、美好的、纯洁的、智慧的方式给你带来永生难忘的爱……

这就是心灵。就是说，卡孜姆他们正是由于没有受到所谓现代文明的污染，才保留了真正的心灵本来拥有的东西。

可现在，我们这些所谓的文明人，为什么内心干枯得就像沙漠一样呢？为什么人本该有的幸福感觉成了奢侈品了呢？

这件事对于我，是一件多么珍贵的礼物啊。我把它珍藏在我的小篮子里，成了我的宝贝。我的篮子里现在有了许许多多这样的藏品，一旦遇到了痛苦或者不幸，我就会随时随地将那只篮子打开，把那些幸福的东西一件一件地往外掏。掏到第一件，我还是不幸福；掏到第二件，可能还是不幸福；掏到第三件可能感觉好了点；掏到第四件、第五件的时候，我就会阳光灿烂，而且周围的人也觉得开心了。

一个幸福的心灵四周必定充满了快乐、祥和的空气，这是因为幸福是可以传染的。

风景中没有陌生人

有一年，我带着我刚刚出版的书参加了昆明国际图书节，顺便去了趟玉龙雪山。

与我同行的也是一个搞教育的同行，我们是坐着缆车到雪山顶上的。那是一片原始森林，坐着缆车往上上的时候，我看见缆车下面全是一浪一浪的绿色树林，郁郁葱葱，还有远处山沟里灿烂的云彩，在林木之间迷迷蒙蒙。我想要不是坐着缆车，那种景色大概只有鸟儿才能看见，如果坐上飞机呢，就会看见下面绿绿的一片，不会像我们这样只能看见离脚很近的树梢。我的脚尖擦着绿色树冠过去，那种幸福美好的感觉真是难以言说。

但是，我发现那些一来一往坐在缆车上的人差不多全都绷紧着脸，几乎所有的游人都默默地、麻木不仁地、面无表情地东张西望。我想这些人这是怎么啦？为什么在这样美好的景色里不能绽放他们的笑容呢？是他们真的不想笑吗？我们难道应该这样生活、这样面对美景吗？难道我们要用一张紧绷绷的脸、一个紧绷绷的外壳把自己紧紧裹住吗？我们难道不能在一生中，在一个地方做一次忘了自己、忘了角色、忘了我们是谁的事情吗？

我对同伴说："在这种风景中应该没有陌生人。"她赞成我的观点。我又说："我们是不是很愉快？"她说是。我说愉快可以传染。她说："那就从我们开始吧！"正说着，迎面过来两位欧洲男士，我们就朝他们喊："嘿，先生，你们好！你们真可爱！"

这个时候，他们的脸突然就像开了花那么喜悦。他们也开始朝我们喊了："你们也好！你们也可爱！"我们两人高兴得就像小孩一样……

这时，又过来两位老太太，我俩就朝她们喊："嘿，阿姨，你们真可爱！你们好！"那两位老太太好像突然遇到了天大的喜事，脸上一下子容光焕发了。

过去了好远还听见她们说："那两人说我们真可爱……"

我想这些人并不是不想快乐，而是不习惯，他们是被角色捆绑住了。人们平时一直被各式各样的角色捆绑着，要是在这样的美景中继续被绑着，是不是太惨了呢？而我们就是要人们将这种角色都放下，让他们在瞬间全部释放，然后，他们也会像我们一样把这种快乐传染给别人。关键是没有一个人开这个头，这就像在舞场上跳舞，如果一开始没人敢下舞池的话大家都不会下去，要是有一个大胆的先下，情况就会发生改变。传染快乐和幸福也是这样，如果每一个人都在自己快乐的时候能够勇敢地行动，那么周围的空气就会不一样，整个山、水、人，都会融入其中。

我们开了这个头之后，就完全放开了，一路上，向每一个遇到的人挥手问好，对方也笑着作答。这种情形让我们两人非常幸福，感觉到心中那个小篮子在玉龙雪山上又装进去许多内容。玉龙雪山到处长着参天大树，树干上长满了绿色的苔藓；碧绿的草坪上，铺着已经发黑的木板。木板两边有栅栏。我们顺着木板一直走进原始森林，森林里边黑色的骏马就像幽灵一样慢悠悠地在林间穿行……那真是童话一样、梦幻一样的情景！

走着走着，我的同伴唱起歌来。歌声一出，我就情不自禁地开始跳起舞来，我们两个旁若无人地一个唱一个跳，这样的情景感染了其他人，人们都开始嘻嘻哈哈，有的开始唱，有的开始跳，就连那些在山上卖药的摩梭族男人也被感染了。他们笑着对我们说："哎呀，你们唱得太好听了，跳得太好看了，快过来买点药吧。"我说我们不买药，我们要对歌。其中一位哈哈大笑，说："对就对。"于是，我就站在他的对面与他对，他唱一首摩梭歌，我唱一首宁夏花儿。这一下不得了啦，惹得周围的人，卖药的、游客，全都唱得跳得停不下来了。那位摩梭男人一直唱着情歌目送我们远去，直至看不见。

再后来，我来到玉龙山下，那里有一片美丽的小松林，松林底下是绿绿的草地，草地上点缀着黄色的小花。有一条弯弯的小路伸向松林的深处，幽暗的小草地就像毯子一般也朝松林里面伸展过去。当时下着小雨，我披着一条从摩梭人那里买来的大披巾，穿着长裙，站在弯弯的石子路上，突然感到：这片草地、松林，以及松林下面那片幽幽的草地，就像《天鹅之死》那段大提琴曲那样优美。这个时候，突然，在凉凉的雨滴中，有两行热热的液体从我的眼眶里流了出来。我这才发现我流眼泪了。我突然意识到自己差不多已经有一年的时间没有流泪了。一些身外事使我作为一个女人连流泪的机会都没有了。一旦当我置身自然之中的时候，我又恢复了流泪的冲动，我感觉到了流泪的幸福……

第八章

摧残，还是拯救

我这里谈了许多有关“幸福”的话题，表面看似乎与教育没有太大的关系，实际上这正是教育的根基所在。教育，首先是让人成为人的，是提升人、拯救人的，其次是增长智慧、传达知识的。但是，现在的教育，到底是摧残呢，还是拯救？

1 苦海无边

/ 王思睿（6 岁）作品

孩子心中的“好时光”

我这里谈了许多有关“幸福”的话题，表面看似乎与教育没有太大的关系，实际上这正是教育的根基所在。因为我们平时在说到“教育”这个词的时候，往往忽略了它背后的东西，其实，真正起作用的、使教育具有力量、更正确、更适合孩子的主要因素就在这里。要是教育者能够关注这些方面，就能真正使孩子幸福，最起码不会为了成人的某个目的而折磨孩子了。

有一次，我参加儿子的家长会，学校从另一个学校请来了一位研究学生心理的专家给家长上课。她说了一件事，她说有个学生问她：“老师，中国以前真的有过‘文化大革命’吗？”她说有啊。学生说：“不可能吧，开玩笑吧，你们成人骗我们吧。”她问：“你为什么要这样认为呢？”学生说：“我妈妈讲那时候整整一个班全都放假，整个学校也放假了，不上课，不写作业，坐着火车想去哪就去哪，还到农村去学农，到工厂去学工，一天啥也不想，不写作业，也不挨老师训。老师，世上哪有这样的好事？绝对不可能。”她说：“‘文化大革命’就是这样的情况。”学生说：“老师，你们那一代人真是太幸运、太幸福了！你们真是赶上了好时光。”

那个专家告诉我们这些做家长的：“你们一定要注意孩子学习的动向，要是孩子有了这样的想法就来不及了。”

其实，孩子这样说就是对学习反感了，老师与家长就应该寻找孩子反感学习的原因，而不是硬性监控。

人之所以成为人，最大的特点是生来就爱探索、爱学习，如果方法得当，没有孩子不爱学习的。但是，为什么他们不爱学习？孩子天生最喜欢唱歌，却不爱上音乐课；最喜欢画画，却不爱上美术课；甚至语文呀、数学呀都不能提，一提就反胃，这是为什么？

我们中心有个学画的孩子，名叫齐思源，那孩子上小学之前精神状态还算不错，可是上了中学，眼看着一天不如一天，脸色灰黄灰黄的，样子挺可怜的。

有一天我问他："齐思源，你是不是哪儿不舒服呀？"齐思源一脸愁苦地说："老师，我都快累死了，累得不想活了。"我问："周末是不是也累？"他说："更累，作业多得做不过来。"我说："怎么回事？周末也有那么多作业？告诉老师，都有什么作业？"齐思源说："不算英语、数学，光语文就布置了两篇作文、一百个词、五篇古文。一百个词每个要抄写五遍、解释五遍，五篇古文每篇也抄五遍。"我说词抄写一遍就可以了，抄写五遍也能说通，为什么还要解释五遍？他说那是为了加强记忆。

我听了真是不知道该笑还是该哭。我琢磨着，这个老师不知道是怎么想的，老师辛苦，但是周末还有休息的时间，但孩子们呢，每天天不亮就去上学，中午睡不上午觉，要做作业，晚上作业做到十一二点甚至半夜一两点，就连周末也不得休息。这哪是人过的日子呀？这样的方式哪个孩子能受得了？这样下去他们的学习能好吗？身体能健康吗？齐思源说："老师，我太害怕抄课文了，一想起来就恶心，就想吐。老师一不满意就让我们抄课文，发现桌子里有一点碎纸片就罚抄课文，迟到了也要抄课文。我吓得不行，抄不好老师就不收，还得重抄。有时作业实在写不完，只好装病在家里写。”

我听了非常难受，我说：“齐思源，既然功课这样忙，你就把画画停了吧，这样还能休息一下。”他说：“老师，千万别停我的画画，我一星期只有这么一次快乐，要是不画画了，活着还有啥意思呢？”

一个周末其他作业一大堆，还要布置两篇作文！谁能一个周末除了做其他作业之外还能写两篇作文呢？齐思源说：“我们还算舒服的，另一所中学更要命。”我问怎么要命了。齐思源说：“那是一个特色班，作业把学生逼得……”说到这儿，齐思源说什么也不愿谈了，他说谈这些让他很难受。

我问他的考试情况，他说，上小学时他是班里的尖子生，所以考上了重点初中，这次期中考试，数学 120 分的卷子，他考了 60 分；英语，也是 120 分的卷子，考了 90 分。我问语文考了多少，他只说很低，但不肯说出具体的分数，我想大概太低了，他不好意思说。

齐思源说他早就痛恨学习了。他说：“李老师，我的敌人是学习。”你听听，学习已经成了他的敌人了，这样的孩子能学好吗？

喂鸡的原理

我想起陶行知先生有一次到武汉大学讲教育，进教室的时候抱着一只母鸡，听众都感到莫名其妙，不知道老先生要干什么。只见他不说一句话，把鸡放在讲桌上，按住鸡头，掰开鸡嘴，抓了一把米强行喂给鸡吃，无论怎么喂鸡也不吃。之后，他放开鸡，离开一段距离，那只鸡吃了起来。

陶行知这才开始了演讲，他说教育跟喂鸡一个原理，如果强迫孩子去学，他是不愿学的，如果放手，不但愿学，还学得很好。

我把这个故事讲给了齐思源的妈妈，她不听劝。她是我的朋友，所以孩子的情况我非常清楚。在齐思源小学毕业的时候，他的妈妈为了让他上一个一流的中学使了不少劲。那时候我就劝她，我说根据我的经验，不要让孩子上那种学校，据我的了解，有些名声越响的学校或许对有些孩子的发展越不利。我们这里有个样板幼儿园，几乎所有的家长都想把孩子往那儿送，但是，我们发现，凡是那个幼儿园来我们中心学画的孩子，不用说明我就能认出来。我常常对新来的家长说：你的孩子是在某某幼儿园上学。家长吓了一跳，说："你是怎么知道的？"

凡是目光呆滞、缩手缩脚、胆小如鼠、没有思维与灵气的孩子，十有八九是从那家幼儿园来的。

摧残，还是拯救

有一次，我发现一个新来的女孩，就是从那家幼儿园来的，也就5岁多点，她的凳子下面有一摊水。我说："怎么回事？今天我们没画水粉画呀，为什么凳子底下有一摊水呢？"那孩子不吭声，照样努力地画画。我蹲下，想看看究竟，这一看把我吓了一跳，原来，那是她尿的尿！一摸裤子，水淋淋的，连毛裤都湿透了。一个孩子尿急了都不敢对老师说一声，尿了裤子还要强作没事儿似的，还在努力地画画，脸上没有任何痛苦的表情！

那家幼儿园让孩子统一时间上厕所，你想想，几岁大点的孩子，他们的控制能力能不能按着钟点上厕所呢？

我难受坏了，赶紧让一个老师到街上买来裤子给孩子换上。到了放学的时候，家长来接，一看孩子换了裤子，问怎么回事，我大致说了一下情况，家长脸就阴了下来。我把他推出门外，对他说："你的孩子已经很难受了,你不但不安慰,反而雪上加霜,你这是爱孩子吗？"

教育是干什么的？教育，首先是让人成为人的，是提升人、拯救人的，其次是增长智慧、传达知识的。但是，现在的教育，是教育呢，还是拯救？或者说，是摧残呢，还是拯救？

我读了那本介绍李圣珍老师的，名叫《每个父母都能成功》的书，我认为那不是一本书，是一幅中国孩子的地狱图。人说苦海无边，看了那本书，就知道什么是苦海无边了。李圣珍老师呢，就像一个菩萨，在孩子的地狱里、苦海里拼命地救，救苦救难……

2

『望子成龙』的挽歌

/ 马英泽（7 岁）作品

生命不能承受之重

那本书里给我印象最深的是那个名叫马月的孩子。马月小时候极其聪明，她的智商达到 130 分以上，远远超过同年龄的其他孩子。孩子本来很优秀，但她的爸爸妈妈希望她更加优秀，祸根就是在这种想法里埋下了。牙牙学语时，他们就对她开始了学前教育，教她认字教她算术，才四五岁就将她抱到琴凳上学钢琴。他们不仅仅要求女儿优秀，还要她做一个“高尚的人、纯粹的人，一个脱离了低级趣味的人”，对那么大点的孩子就进行思想教育，连唱的歌都是革命歌曲。儿歌不会唱，却会唱《国际歌》。结果呢，女儿与同龄人之间没有共同语言，且格格不入，她不熟悉他们的语言，不熟悉他们的思想，不懂他们的游戏规则，她被同龄人看作异类，看作什么都不懂的傻子。

5 岁时，马月被送去学钢琴，那孩子乐感极好，但因手型不符合要求，常被老师呵斥打骂。这样一来，马月便对老师产生了恐惧，见了老师就紧张，越紧张越弹不好，这种恶性循环使得她很快就被淘汰出局。

对一个只有 5 岁的孩子而言，这应该是她人生的第一个挫折，但据马月自己讲，她的噩梦是从上了小学之后开始的。在她眼里，学校是一个可怕可憎的地方，是一个给她制造了痛苦的地方。因为近视，她看不见黑板上的字，结果考试两门功课不及格，因而成了差生。受到同学百般歧视与欺负，放学路上书包被抢、头发被揪，孩子们一边朝她身上扔土块一边喊：“傻子，快打傻子！”

你看，在一切以分数为核心的教育体制里，从一开始就丧失了“人才”中的“人”字，然后再丧失那个“才”字。

在大家的印象中，马月成了一个“傻子”，而同学的这种印象正是由老师传达给他们的。如果我们要教孩子成为人，即便真是对待智力障碍人群也该充满同情，是不是这样？

后来，那个班的学生被叫到校长室考朗读，为了不让其他人再喊自己“傻子”，马月预先将课文读熟，可是轮到她时，翻开书正要朗读，站在一旁的辅导员在校长耳边说这孩子有点傻，可能脑子有问题。这话杀伤力太大，孩子完全愣住了。校长却喊：“愣着干吗，还不快读？”这一下，马月真傻了，课文成了不认识的“蚂蚁文”。

一次上体育课，老师让大家围成圈做游戏，因为多了一个人，老师竟让马月出去，当她低着头走出队伍的时候，背后传来一阵讥笑声：傻呆呆的，还想做游戏？马月跑到操场外面，用树枝在地上拼命地写着：我不是傻子，不是傻子……读到这里，我觉得心都要碎了。

学校举行歌咏比赛。马月想，这次是全班合唱，不会没有我吧？可是排练那天，老师让她提前回家。她问老师为什么不让她参加排练，她在这门课上曾得过满分，这时候，站在一旁的班干部竟说：你傻了吧唧的，上台会给我们班丢分的。

从这里可以看到，我们的孩子，尤其是那些所谓的好学生，从小就被培养起这种为虎作伥的品质。当讨论应试教育对人是拯救还是摧残的时候，我们发现，其实被摧残的不仅仅是属于弱势群体的孩子，也包括那些所谓优秀的强势群体的孩子。在马月被毁的同时，那个班干部也被毁了，那个孩子在他往后的人生中很难再有同情呀、关爱呀、怜悯呀这些人类最好的品质了。要是没有这些品质，那他就不会成为真正的人才。

马月的故事最让我感到震惊的还不是她如何如何被摧残，而是面对一次次摧残仍然顽强地抗争。那么小一个孩子，为了得到应有的善待，真是百折不挠啊。但是，她的所有努力全部被包括校长、同学在内的强势群体碾了个粉碎，直到她彻底放弃了这样的努力为止。放弃之后，马月便开始逆反的行为报复，比如，将毛毛虫放进那些欺负她的同学的笔盒里；故意天天迟到，不做作业，因为她，年级的流动红旗，这个班再也没得到过。结果，小学六年转了三所学校，父母亲一次次被叫到学校挨训，回去后便将气撒在孩子身上。最可悲的是，连他们也开始怀疑女儿是不是真的有智力障碍。

有件事让我印象特别深，在一次家庭聚会上，当舅舅夸他的儿子如何如何聪明，并建议找人为马月查一下智力时，当妈妈的竟然冲进女儿的房间狠狠抽了她一耳光。马月被这突如其来的打击吓得不知所措，号啕大哭起来，她不明白自己犯了什么错，竟惹得妈妈这样生气。

我们说人要有承受能力，但这得有个限度。生命不能承受无法承受的重量，孩子尤其是这样。

在学校，马月是个所谓的差生，在家里，又是个不争气的孩子，这样一来，小马月便无处可逃了。于是，她开始装病，但“病”总有好的时候，她想来个一了百了，又装起疯来，就这样，马月为了逃学，竟然逃进了疯人院。到了那儿，她才知道里面比学校还要难受，于是百般央求，自我证明，经过几个月的折磨才从里面出来。

这时，她又一次，也是最后一次为证明自己的智力水平而进行抗争，那次考试令老师和父母非常吃惊：一个学期几乎没上学，她语文居然考了 80 多分，数学也考了 70 多分。妈妈疑惑地带她去做智商测定，几家医院的测定结果几乎是一致的，马月是个智力超常的孩子，她的智商指数在 130 以上。

即便是这样，在同学和老师的眼里，她依旧是个“傻子”，还是个“疯子”，她走到哪里都会有人指指点点地说：她是疯子，进过精神病院。尤为可气的是，终于有个女老师对她好，把她当人看，她也对这位老师报以真情的时候，竟被人们怀疑她爱上了那位老师，是个同性恋者。

这一下，马月完全绝望了，她怕老师，怕同学，见了他们心里就打哆嗦，她还惧怕考试，只要考试，她就会晕厥在课堂上。为了发泄内心的痛苦，她常常躲在厕所里用刀片一道道地划伤自己的手。直到有一次，她想彻底摆脱苦难，便用刀片划开了自己的手腕。幸亏发现及时，她被救活了，被救活的她又将伤口划开。

幸运的是，马月就在这个时候被送到李圣珍老师家里，李老师救了她，还使她考上了重点大学，成为一个阳光灿烂的女孩。马月有个表妹，名叫秋子，用马月的话说，秋子比我不幸多了，因为她没有遇上李老师……

“望子成龙”的挽歌

那个秋子是个高二学生，因为会考两门不及格，打开煤气自杀了。

秋子的妈妈也像那时候中国大部分家长那样，节衣缩食，风里来雨里去地送女儿学钢琴、上各种培训班，一心要把女儿培养成出类拔萃的人。她不能容忍女儿有一点点惰性、一点点娇气、一点点落后，要是女儿有一处做不到便施以严厉的惩罚。当秋子到了十三四岁的“反叛”年龄时，母女间便开始冲突不断。冲突的结果是秋子常常被怒不可遏的母亲赶出家门。

那时候秋子的父母已经离异，被赶出家门的她要么在深夜的街头徘徊，要么去找爸爸。她想跟爸爸在一起，可是连房子都没有的爸爸没法收留她。秋子只好住到姑姑家里。尽管姑姑对她很好，可是秋子总是摆脱不了那种寄人篱下的感觉。

据同学讲，秋子是一位多才多艺的女孩，如果不是当时那种只认分数不认人的考试制度，无视孩子的具体喜好、智力的敏感区域等个体情况，用一把尺子作衡量标准，她也许会成为一位很不错的导演、歌唱家或者舞蹈家。有一次，在学校组织的文艺演出中，秋子承担了大部分组织与排练工作，她自编自导，干得投入而得心应手，在那种场合，展现在人们面前的是一个自信的秋子。

但在课堂上，她再也自信不起来了。在只看分数不认人的老师眼里，秋子不是一个好学生。她常常因为回答不出老师的提问而万般尴尬，恨不能钻到地缝里藏起来，被老师当众骂为猪脑子、脑积水。她也因此常被喊到老师办公室训话，每回出来都眼泪汪汪的。在这样的过程中，秋子作为人的尊严一次次被剥得精光。

就这样，她的自信一点一点被击碎，一到考试就紧张万分，对分数敏感到了恐惧的程度。每次考完试，她都如坐针毡掰着手算分，晚上经常做噩梦，常常一脸泪水一身冷汗地从噩梦中惊醒，但是这一切她从来都不跟父母谈起。后来，有个名叫涛涛的孩子喜欢上了她，她终于感受到了一些人间的温暖，却被父亲以“你的学习成绩本来就不好，还早恋，还想不想考大学”为由强行终止了他俩的关系。

到了高二最后，她有三门功课不及格。她又一次被喊到了老师的办公室，老师告诉她，总成绩排在最后四名的同学，高三要分流出去，而秋子刚好排在倒数第四名。分流就是留级或者转到职业高中去，作为一个孩子，怎么能承受得住这样的结局呢？

作为学校，也许不得不这样做，当时的体制就是这样，高考升学率的指挥棒压倒一切，只有将那些没有希望的学生淘汰掉，才能保证高考升学率，才能保住学校的名声。但对学生来说，这不是胜者为王，败者为寇吗？被牺牲的岂不成了大多数？那些失败者在他们的一生中也许再也摆脱不了失败的阴影，只能永远失败下去了，是不是呢？

最后的会考，她仍有两门功课不及格，秋子再也忍受不了这样的打击，吃了安眠药之后又打开煤气，永远地离开了这个令她恐惧的世界，她以自己花季的生命，谱写了一曲“望子成龙”的挽歌。

我想马月说得没错，要是秋子遇上李圣珍这样的老师，或许不至走上绝路。但是，问题的症结在于，纵使李老师可以救下秋子，她能救下成千上万像秋子一样的孩子吗？一个人的力量毕竟有限。我给宋子然的小姨打电话，我说以我现在的力量、这样遥远的距离，我很难把这个孩子挽救过来。因为孩子能不能挽救过来全在他的父母，而改造父母太困难了。这个孩子已经到了“病情”与“父母的改变”相互赛跑的程度，而据我们现在的距离，“父母的改变”绝对赛不过“病情的发展”。我让她快把孩子送到李圣珍老师那里，只有她能救宋子然了。她说去了，等待挽救的孩子已经排了一万多了，轮到宋子然不知要到何年何月，到那时，宋子然大概早没命了。

人类为什么这么苦呢？我们提起苦难的时候常常会联想到战争呀、饥饿呀、洪水呀、地震呀……但我觉得，在人类所有的苦难里面，最苦难的要算心灵的苦难、孩子的苦难了……

每个家长在内心都积累了许多这种事例，但是同样的事情仍然天天都在我们的身边发生着。所有这些孩子的苦难都在指向一个本质性的问题：我们的教育到底是拯救人，还是在摧残人？

第九章

拯救，还是教育

真正的教育应该做什么呢？就是让每个孩子都能找到自己的幸福，让“拯救”这样的事不再发生。而这样做的首要条件就是教育者彻底认清知识与智慧的本来面目，认清二者之间的关系，这样才能使孩子幸福地学习，而不是痛苦地学习。

1 教育的使命

/ 朱熹（8 岁）作品

实体化

像李圣珍这样的老师，说她“伟大”一点都不为过。当我读到她给马月的母亲说的那句“她要下地狱，我跟着她一起下；她要上天堂，我跟她一起上”时，我真的感动得不得了。她对孩子的那份爱，那种无私，那种奋不顾身，那种慈悲、怜悯，绝不是一般人能够做得出来的，大概只有菩萨才能做到。

李圣珍老师说：真正的教育者，如同艺术家、哲学家、殉道者，他与别人相比，更接近上帝，更接近人性中美好的彼岸。我觉得这话等于给“教师”这个职业下了最好的定义。

教育是什么呢？教育自古以来肩负着两个伟大的使命，就是塑造人的高尚灵魂和生成智慧的脑袋。要实现这样的目标，不光要把塑造高尚灵魂的“道理”与生成智慧脑袋的“知识”告诉孩子，更重要的是要使这样的道理与知识有个“实体化”的过程。

实体化就是落实，不仅仅停留在“口头”“知道”这样的层面，而是要深入人的心中、血液里、灵魂里，成为他们生命的一个组成部分。换一个说法就是，实体化就是将所学变成个人的实在经验。让品格融入心灵，也就是成为“人”，品格心灵化；让知识化为智慧，也就是成为“才”，知识智慧化。这就是古人讲的“知行合一”，“知道”与“行为”合二为一。怎样才能解决这个问题？怎样操作才能达到“知”与“行”真正意义上的合一？我认为这正是现行教育需要解决的问题。

从这个意义上讲，李圣珍老师，她是在拯救呢，还是在教育？

我们看到，李圣珍老师考虑的是“人”的部分，很少涉及“才”的部分，在知识的传达方面，她采用的是传统的方法。中国教育要“人”与“才”一起改变才行，要是只有“人”没有“才”，教育还是无法完成它的使命。

现在中国真正的教育应该做什么呢？就是让发生在孩子身上的“战争”不再发生，不让孩子成为“病人”，让他们每个人都能找到自己的幸福，而找到幸福的首要条件就是教育者彻底认清知识与智慧的本来面目，认清二者之间的关系，这样才能使孩子幸福地学习而不是痛苦地学习。我认为教育的先锋应该做这样的事，而不是把被错误教育整坏了的孩子治好，再去让他重新受正确的教育。教育的目的不只是拯救，更重要的是让“拯救”这样的事不再发生。

二二为什么得四

怎样才能完成从知识到智慧的转化呢？

比如，“$1 \times 1 = 1$”这样的知识，很多人的做法是先教孩子认识1和2等数字，再让他们背诵“一一得一”“二二得四”这样的口诀。从小学到中学再到大学，大部分孩子都是用这样的方式被成人“教”着。老师经常要求孩子：你们要举一反三！你们要创造性运用！但是，你怎能要求一个一直“唯记忆是从”的孩子举一反三、创造性地运用呢？如果孩子反过来这样问老师的话，他也会张口结舌，因为老师、老师的老师，都是这样走过来的。

的确，当我们告诉孩子“二二得四”时，他们最多两秒就可记住，而我们就会得到成就感。但是当我们问：从“二二为什么得四”中你发现了什么时，他们就会一脸茫然。

之所以会如此，是因为这样的教育从来都是先将结果直接告诉孩子，从而剥夺了他们探索、思考与发现的权利。

请问：有多少教育者在施教时鼓励孩子大胆出错？有多少教育者不是在喊口号，而是真正从心里明白失败是成功之母、没有失败就没有成功的道理？有多少孩子经历过由自己做主的探索——失败——再探索直至成功这样的过程？他们中有几人饱尝着过程之后的欣喜，以及欣喜所带来的无穷动力？很多教育者都患上了难以治愈的“教学癌症”：喜欢学生一秒之内答对问题，而且必须是标准答案……

课堂上，我们应该给孩子输入清晰的概念，在不破坏认知程序的基础上，要让他们具有提取概念、形成概念以及使用概念的能力。孩子的特性是依靠感知认知世界，建立 1 的概念必须要用 1 的实物。1 的概念来自实物，1 的实物要有 2 的实物来做比较，在比较中产生认知；$2 \times 2 = 4$ 这样的结果最好由孩子自己推导出来，这样，知识就不再是“教”会、“学”会的，而是“自己发明”的，“自己找到”的。在发明与寻找的过程中，知识转化为经验，肉体化了，智慧化了，才能真正成为他生命的一个部分，而不是油水分离的东西。

想想看，在这样的情景里孩子们学习起来是一种什么滋味啊！不但会乐意地学，还会乐意地想，轻而易举地学到了知识，这样的学习不但不会封闭他们的心灵，还会把知识转化为智慧，让知识等同于智慧……

这就是知识发生的过程，也可以说是智慧发生的过程。知识的发生渗透在智慧里、经验里，是与智慧、经验共同成长的。

将知识转化成智慧，其实就是以知识为手段，在知识的建构过程中发展出各种能力。比如，观察能力、想象能力、创造能力、逻辑思维能力、捕捉心灵感受的能力、与人合作的能力、发现问题的能力、自己解决问题的能力等，知识对于能力来说永远是第二位的，永远只是工具。

再说数学，什么是数学呢？数学不光是计数和计算，更重要的，它是一种认知世界、处理问题的能力。说一个人数学好，不应仅仅狭义地理解，比如，如何如何会计算、会做题，更要从广义上理解，比如，在人的内心建立起一套面对世界的数理逻辑的思维能力。建立这个内在的逻辑能力是学习数学的根本。我们常常看到这样的情况，某个人把一个单位管理得极其混乱，换上另一个人，三两下就整顿得井井有条，那么，前者就是个没有数学能力的人，后者是个有数学能力的人。

公式化的道德教育

道德教育也是这样，很多家长、老师对孩子的道德教育很失败，失败在哪里呢？失败在没有让孩子产生体验，没有真正把道德规则植入他们的心中。道德教育不是光靠归纳出一些规则就能解决问题的，而是要在人的心灵深处下功夫。

首先要解决审美问题。我说的审美不是狭义的，而是广义的，包括对于所有事物的美的判断。道德教育的首要任务是解决道德判断问题，只有有了判断能力才能进行道德实施，而审美则是道德判断的基础。一旦到了那样的高度，就会站在这个高度处理问题。

其次要解决实施问题。我们说过，道德教育不能光靠让孩子知道规则来达到目的，许多规则人们都知道，可有没有按照规则去做呢？“知道了”不是“做到了”，道理无法代替行为。传统的道德教育就失败在这里，是把道德作为一种知识去“教”，这样教出的孩子，其道德的规则与个人的行为是油水分离的。

孩子是什么？我曾经做过一个试验，我问孩子上课可不可以吃零嘴？他们说不可以。我问为什么，他们说吃零嘴注意力就不能集中，注意力不能集中就不能听老师讲课，这样老师的辛苦全都白费了。说得头头是道。我就给每人发了一些零食，让他们放进抽屉里，和他们说好下了课才能吃，可是，我看见，差不多每个孩子都是一会儿抓一点塞进嘴里，偷偷地塞。

这就是孩子，他内在的那个自我跟他听来的那个道理是分离的，不能统一。

在我儿子小时候，有次我翻看他的《思想政治》课本，第一章是“增强自尊自信”。什么是自尊？书中说：自尊是一种自己尊重自己、爱护自己，并期望受到他人、集体和社会的尊重与爱护的心理。什么是自信呢？是一个人自己相信自己、相信自己有能力实现自己愿望的心理，是对自己力量的充分肯定。

这话说得很对。但在课堂上，有的老师是不给孩子自尊、自信的，经常会说出这样的话："怎么搞的？真笨！真不知你父母是怎么教你的！"这就等于把孩子的尊严剥光，把自信毁掉，之后，翻开课文说："同学们，我们现在学习新的一课，'增强自尊自信'。"

考试时，考卷上也会有这样的问题：什么是自尊？什么是自信？当我们问孩子这样的问题时，他可能说得头头是道，可唯独内心没有这样的东西。自尊、自信对他们而言就像假牙与假发。

再看看"同步练习"里的填空题：

> 自尊、自信是成才和成功者____心理品质，凡有成就的人，无一不是以良好的自尊、自信为____的。
>
> 正确的自尊心、良好的自信心，可以使人产生巨大的____，促使人们不断进取。这种催人向上的力量，既是一种强大的内部___，又是一种强大的自我____。

这有点像知识竞赛，就像牢记一个数学公式一样，设计这种问题的人把人心当成了木头，你给它刻上什么就是什么。以为只要把自尊、自信这种心灵的东西当作一种知识、一种技术教给孩子，孩子就"学会"自尊、自信了。

再看这个选择题：

> 人人都有自尊的需要，但归根到底，自尊是通过社会的承认取得的，这是因为社会的承认比自我承认更：
>
> A. 重要；B. 准确；C. 科学；D. 全面。

这道题，你要是选择了“重要”，那么该不该在人们不理解自己的时候坚持自己的主见？你要是选择“准确”，我们说“人心隔肚皮”怎么解释？你如果选择“科学”，像自尊这样代表心灵的东西是不是还有一个量化的标准？你如果选择“全面”，不要说对于人，就是对于一个没有生命的物，也有“见仁见智”的问题，怎么全面？一个人的自尊需要社会的承认，这一点很重要，但是老师的承认重不重要？父母的承认重不重要？一个孩子是不是拥有自尊和自信，不是通过填空这样的方式能够解决的。

再看这道题：

> 在工作、学习中，缺乏自信的人，如果遇到困难，首先想到的是：
>
> A. 自己不行了，于是便放弃努力；B. 没关系，下次再努力；
>
> C. 失败是成功之母；D. 战胜困难，使自己成为有信心的人。

前提是“缺乏自信的人”，既然缺乏自信，怎么会冒出“失败是成功之母”“战胜困难，使自己成为有信心的人”这样的念头来呢？要是能够产生这种念头，这个人怎么能没有自信呢？

所以，现在的孩子一个个都活得灰溜溜的，在一些老师的观念当中，孩子是不可信任的，都是“犯罪嫌疑人”。老师是警察，抓来犯罪嫌疑人，不管犯没犯罪，先让你靠墙蹲着。如果你是个绅士、是个品德很高尚的人，有人怀疑你，不听你辩解就把你抓去，先踢你两脚，然后让你蹲在那儿，你还有什么尊严可言？

天职 2

/ 陈思雨（8岁）作品

天职

所以，道德的培养必须从实体化入手，从道德的体验入手，这样做的前提是道德的判断。让孩子知道什么是对的，什么是错的。

有这样一课，我讲了一个故事："在波兰的布拉沙市，有一位名叫海尔曼的医生，他的医术非常高超，远近闻名，他的性格很倔强，就像他那把用最好的钢材做成的手术刀一样坚硬锋利。

"有天夜里，一个小偷到他的诊所去偷东西，把里面翻得乱七八糟的，把找到的钱和一些很珍贵的药装在包里往外走，因为心里太慌，一下撞倒了吊瓶支架，接着又被氧气罐绊了个仰面朝天，摔断了大腿，躺在地上爬不起来了。

"海尔曼医生听见小偷的呻吟声，就与助手从楼上跑了下来，发现了他……"

我停下来，问孩子们："你们说应该怎么办？"他们说："打110，把小偷交给警察。"我说："那个助手也是这种观点……但是，海尔曼医生却不同意，大家能不能推断一下，海尔曼医生会怎么做？"

除了两个孩子，班里其他人全都认为医生会把小偷送到警察局。那两个孩子中的一个说："这个小偷当时一定很疼的，我的胳膊断过，这个医生肯定会给小偷打上止痛针，教育一番，让他发誓不再偷东西后放他回家。"另一个说："医生肯定会给他接骨头，但不给他打止痛针，让他好好疼一疼，使他再不敢到别人家偷东西。"

全班开始争论，主要是对那两个认为应该放了小偷的同学进行抨击，说他俩的观点不对，说要是做了坏事不把他抓到警察局，恶人就会越来越多。甚至还有孩子说，不光送到警察局，而且送之前还要把他打上一顿。现实中确实就是这样的，大家见了小偷都要打一顿，好像惩罚小偷是人们的职责似的。那两个认为医生会放了小偷的孩子，这时候也开始有些犹豫不决，因为在那样的气氛中，一般人是很难坚持自己的主见的。

我看争论得差不多了，就说："提出把小偷交给警察的同学的想法是有道理的，作为公民，每个人都有义务将抓到的小偷扭送公安机关，让他们受到法律的制裁，保护大家的安全。"说到这儿，持有另外观点的孩子脸上露出尴尬的神色。我接着说："提出治疗并放了小偷的同学的想法让老师很感动，因为他们的内心具有作为人类的最伟大品质——同情心，这个小偷虽然干了坏事，但是现在他成了一个弱者，他在经受着痛苦，需要同情。这两种意见都有道理，应该采用哪种呢？

"看看海尔曼医生的做法，他说：'不！我诊所里的病人不能这样出去。'于是，海尔曼医生就把小偷抬上手术台，连夜给他做了手术，打上石膏绷带。助手很不理解，说：'这个小偷拿了您的财物，您为什么还要给他治疗呢？'海尔曼医生说：'救死扶伤是医生的天职，我怎么能看着一个没有经过治疗的病人从我的诊所出去呢？'

"小偷这时已经不再感到担心了，他想，这个医生真好，他能为我治伤，也一定会放了我的。正想着，就见海尔曼医生拿起了电话，通知警察局，让警察把小偷带走。小偷一听，简直五雷轰顶，他向医生恳求：'仁慈的医生啊，您已经救了我一次，我真是感激不尽，求您再救我一次，不要把我送进警察局吧！’医生两手一摊，说：‘先生，治疗你是我的天职，可在偷窃这件事上，我这把手术刀已经无能为力了……’”

两难命题

讲到这里时，全班的孩子都不说话了，安静了好长时间。从他们的表情可以看出，这些小心灵受到的绝不是一般性的撞击，而是一种天翻地覆的震撼。

我是让他们置身于一个两难的命题之中，让他们抉择。

因为年龄及阅历的缘故，孩子们往往无法在两种相对的价值体系中间做出正确的判断，这时候就需要老师出来帮忙。可以用比较的方式，比如，将多种观点的利弊明确地提取出来，让他们进行比较，如果这种方式不能奏效，也可以用暗示的方式加以引导，比如，老师可以陈述个人的观点：我认为如何如何……

要是孩子仍然坚持自己的观点，老师应该允许他们有所保留；要是他们的看法有很大的问题，老师有责任使他们明确对与错的概念；要是有些孩子观点的品位不够高，这就成为一个教机，就得在以后的课程中进行专门的设计，能使他们提高认识。

这就是说，老师是要以“法官”的面目出现在课堂上。在过去的教育中，老师是上帝不是法官，他们不给孩子表述自己观点的机会，所有结论都由老师来下。而法官则组织双方进行充分辩论，辩论之后再下结论。

有些观点认为，老师不能在孩子讨论时表述个人的观点，以免受到影响。这个我不赞同，因为这样会导致孩子丧失明确的价值判断，造成价值观的混乱。

当然，这种方式并不是绝对不能使用，还要看面对什么问题。

内心指引与理智判断

接下来，我继续给孩子们讲述这个故事："又有一天，一位女士送一个遇到严重车祸的男人来到诊所。医生一愣：'啊，怎么是她？'原来，这位女士曾经是海尔曼医生的妻子，许多年前她被另一个男人抢走了，这件事对医生打击非常大，使他痛不欲生。就像你们最最心爱的东西被人抢走了，或者你们的家被别人占领了，想象一下，你们对那个人会是一种什么样的感情？这个受伤的男人正是医生的仇人，他现在就躺在病床上奄奄一息，马上就要死了。

那位女士，就是海尔曼医生原先的妻子，这时候已经泪流满面，她哭着说：'海尔曼，亲爱的海尔曼，我知道你非常恨我，更恨他，但是，他不幸遇到车祸，在这个城市里，没人能够救他，我只有来求你了，请你救救他吧！'"

我问孩子们："如果你是海尔曼医生，你会怎样做？"

这个时候，所有孩子的情绪已经被我煽得极其高涨了，心里很不舒服……有个孩子站起来，说："这个人不能救，让他疼死算了。"另一个说："对，不要救他！这个人太可恨了！"

你看，孩子就是孩子，他们的心智是这样的，不能立刻把取得的经验联系起来进行思考，再用得出的结论指导具有相同性质的事物。做到这一步需要一个成长过程。本来按我们成人的推断，有那个挽救小偷的事例在前，这时候"应该"得出医生的性格特征了，会立刻认为医生会选择救这个仇人的。这是用思维进行判断，而孩子的可贵就在这里，他们是用心灵在判断。他们想不起"理"，想到的只是"情"——情绪，一种内心的指引。

这就出现了问题，一个是内心的指引，一个是理智的判断，人在道德的选择时应该注重哪一个呢？

其实两方面都很重要。光有理智判断，世间的万事万物太复杂了，有时候细微到了差之毫厘，失之千里的地步，光靠理智往往不能完全分辨清楚。但是，要是没有理智判断作为协助，那个内心也是低档次的，往往会因为过分的情绪化而判断不准。

所以我说，群体的讨论十分重要。之所以重要，是因为各种人、个性、想法都会一一展示，通过分化、争论再到整合，互相取长补短，使每个孩子既有内心的指引，又有理智的判断。

我是设了一个圈套，将孩子引入一个比较复杂的道德判断情景之中，这样的情景能够培养真正的道德判断能力。经历这样的体验过程十分重要。一旦进入圈套，进入角色，让他们身临其境，他们就会用"当事人"的心理来判断、处理，这时往往就不会单单有理智判断，还会有内心感受的指引。

但是，这样会出现一个问题，孩子的判断可能会受到前一个事例的影响。经过一阵思考，除那两个孩子之外，其余的孩子都认为医生应该救那个遭遇车祸的男人。我问为什么，他们说救死扶伤是医生的天职。

走出心灵的峡谷

你看，这就鹦鹉学舌了。要是不能在内心落实，假如他们真的当了医生，遇到这种情况时，很可能行为与想法不能统一。所以，教育者既要通过给受教育者提供有关道德的美的范文，在大量的阅读中陶冶他们的性情，也要提出有关道德的命题，让他们在反复讨论中建立正确的道德观念，最终达到实体化目标。

认为应该救的孩子共有三种观点：第一种，把他救活，给他留一点残疾从此让他一瘸一拐地走路；第二种，把他治好，然后再到他家把他痛打一顿；第三种，把他救活，把他变得很丑，让那个女人不再爱他，使她再回到医生的身边。

你看，这些孩子尽管受了前一个事例的影响，或者说，接受了我的灌输，明白了宽恕、天职那个“理”，但是，他们的思维还是处于一个较低的档次，很难将“情”与“理”整合到一起。老师要做的，就是要让他们走出心灵的峡谷。

但是，孩子们的回答也让我非常感动，这才是孩子的真实想法。他们毫不掩饰自己的想法，这就是“真”，所以它是“美”的。

我长长地“噢”了一声，眼睛扫视全班。我说：“我是一个具有高贵品格的医生，这不是装的，我的天性就是这样。我在履行我的天职，在我救了我的仇人之后，我让他瘸着一条腿，或者将他的脸变得那样丑陋，我为我做了一件好事而良心获得安慰的时候，当有一天，那个仇人拄着拐杖、瘸着腿从我的眼前经过，我会不会谴责自己？我的良心会不会安宁？”说完了这段话，我发现孩子的脸上露出不好意思的笑容。我说：“噢，如果是我，我会选择第二种，等他完全恢复了健康，去把他揍一顿，让他受点儿皮肉之苦。这才符合我的性格。”

老师也要将自己真实的心灵展示给孩子，不能有半点虚假，这就是平等。

在仇人与病人之间

“好，让我们看看海尔曼医生是怎样做的……听了女士的话，他一声不吭，立即进行手术，那个男人一直处于昏迷状态，这时却醒了过来。他看见拿着闪闪发光手术刀的海尔曼医生，不由大吃一惊，挣扎着就要起来，因为他担心医生一定会在这个时候报复他的。要知道，一个医生要报复病人是非常容易的，手术刀稍稍偏一点点就能结束对方的生命。

“海尔曼医生厉声说：‘请你老实给我躺着！听好了，你虽然是我永远难以宽恕的仇人，但也是我必须抢救的病人！’

“在仇人与病人之间，海尔曼医生选择了后者。

“那个男人被救活了，夫妻俩又是惭愧又是感动，说：‘海尔曼医生，要是你不嫌弃，我俩愿意一辈子做您的仆人。’医生听了，说：‘你们想错了，作为一个医生，在手术室里记住的永远是他的天职，不会计较个人恩怨。’”

讲到这儿，我停了一下，问：“把老师的想法与医生的想法比较一下，你们发现了什么？”有一个女孩举起了手，笑着说：“老师，我们发现你没有医生那样伟大。”我说：“天哪，我也发现了。”

我知道这件事对他们同样产生了震撼，使他们真真切切地明白宽恕、容忍、天职是怎么一回事了。孩子们的人生道路很长，我希望，一次这样的经历会在他们心里种下一颗种子，当遇到适合的条件，种子就会长成一棵大树。

这之后，我提出了最难的那个命题。

我说：“有一年，法西斯德国发动战争，占领了海尔曼医生居住的这个城市。波兰人民奋起反抗，一枪打中了一个盖世太保头目的胸部，使他命在旦夕。因为伤势太重了，随军的医生没有一个能够挽救他的生命，没办法，法西斯只好求助于海尔曼医生。可是他们知道医生的脾气，怕他不给治，所以就把病人化装一番，送到医生那里。那个盖世太保在这个城市里太有名了，因为他杀人如麻，不知有多少波兰人死在了他的枪口之下。所以，当他被送来时，医生一眼认了出来。”

我问：“大家想一想，这次，海尔曼医生会怎么做？”

这时，差不多所有的孩子都举起了手，说救，应该救。我问："为什么？"他们说救人是医生的天职。我说他可是个法西斯呀，杀了那么多人。孩子们说："海尔曼说了，作为一个医生，他在手术室里记住的永远是自己的天职，不会计较个人恩怨。"

我说："对，海尔曼医生果然答应救他。他开始洗手、刮脸，并且穿上只有在重大场合才穿的最好的西装，西装外面罩上一件崭新崭新的白大褂，还让所有的助手、护士离开，他说他要一个人抢救这个病人。

一切都准备好了，海尔曼医生拿出一把最大的手术刀，高高举起，一刀插在盖世太保的心脏上……"

"天职"的另外一种解释

孩子们吃惊极了，他们不明白，一个把挽救生命视为天职的医生，小偷偷了他的财物他能挽救，别人抢走了妻子他能挽救，竟然会这样行事！他们问："老师，海尔曼医生为什么不挽救这个人的生命，却要把他杀死？"

我这个圈套，引呀引呀，把他们引到了思维的"绝路"上面。我就是要他们产生错觉，因为只有这样才能真正起到震撼心灵的作用，让他们刻骨铭心，让他们明白，现实中道德的选择既不能生搬硬套，又不可丢失内在标尺。

我说："让我们听听海尔曼医生在法庭上是怎么说的。当德国人审讯他，说他的行为玷污了手术刀时，他回答说：'我没有，我的手术刀用得正是地方。'德国人说：'难道你忘了医生的天职？'海尔曼说：'没有，在这里，消灭法西斯就是我最高的天职！'"

海尔曼医生用他的实际行动，给"天职"这个字眼注入了另外一种解释。这时，有个孩子说："要是不把这个德国人杀死，他会杀死更多的人的。"

我说："对，海尔曼医生是为了拯救更多人的生命。

海尔曼医生死了，但是，城市的大街小巷突然到处贴满了'天职'两个大字。不用任何解释，所有人都明白这两个字意味着什么，它成了一个具有巨大号召力的口号，激励人们与德国法西斯进行顽强的战斗……"

3 司马光砸缸

/ 李雪纯（7 岁半）作品

拿着瓦片走进课堂

知识的传达，也就是将知识化作智慧的过程。

我举一节语文课的例子……美术班上我常常进行各种试验，有时是音乐课，有时是语文课，有时甚至是数学课。在我看来，不但美术与音乐相通，艺术与科学也是相通的。

我们对传统老师怎样上语文课非常清楚，首先，老师对所有的课文都抱着一种神圣的心态，这样，课本便成了典范，不能有任何的怀疑与批判，孩子们呢，就只能仰视、模仿、背诵，最后学到的只是课文中的字、词、好的句子、段落大意、中心思想等，却对孩子智慧的发展没有任何意义。我常常想，能不能用一种其他的方式上语文课呢？就像我上美术课那样？抱着这样的想法，有一天，我给一个6岁的班里上了一节语文课：《司马光砸缸》。

这篇课文目的是教人富于同情、有智慧。传统老师一般是这样上的：先预习，再读课文，认读生字、段落大意、中心思想。一轮下来，早把当初的目标忘到九霄云外了，孩子的关注不再是同情、智慧，而是被一大堆知识性的东西占有了。要是按照这种教法，预习、读课文，能不能到达最初的那个目的？同情心、智慧、紧要关头处理危机的能力能不能只靠教？

不能，而是要靠培养。就是要让孩子成为主体，参与其中，自己想办法，自己推导出结果……这就是实体化的过程。

就算推导不出来也不重要，关键在于推导的过程。要是只靠教的话，会出现什么结果呢？记得小时候在学这篇课文时，老师不是想着怎么让我们变聪明，而是反复地显示司马光有多聪明，所以上完这节课之后，很长一段时间里我总希望有一个小孩掉进缸里，我好找一块石头把缸砸烂。

这就是“教”的结果，这个结果说明了老师把智慧的培养也给模式化了，认为所有的东西都能通过“教”这样的方式学会，认为小孩是个空罐子，连智慧这样的东西也能往里填，上课时没有给孩子任何智慧成长的机会。

模式化造成的结果，是当发生一件相同事件时可以生搬硬套，但发生不同事件时就不知道该怎么办了。

虽然我想以全新的方式来上这节课，但仍然很难完全摆脱传统的影响，想到的只是希望孩子们能想到把缸砸烂，所以我拿着一块瓦片走进了课堂，“哐当”扔在地上……

急中生愚

这样做是为了让孩子知道这种东西是可以打烂的，然后告诉他们“缸”的概念，因为现在的孩子一般都不知道“缸”是什么东西。

接下来，我就把课文中的“智慧点”提出来作为刺激。我说：“今天要让大家解决一个问题：你们六个小朋友一起出去玩，其中有一个掉进一个装满水的缸里，你们所有的人都不会游泳，也不会潜水，必须在15分钟之内把人救上来。接着，我讲了要在15分钟之内把人救上来的原因。”

我问：“谁有办法？”

孩子们一听就炸开了，顾不上举手就大喊大叫起来。我叫起一个男孩让他先说，他说：“可以找一架梯子伸进缸里，让他自己爬上来。”

我说：“噢”，停顿了一下，然后问：“大家讨论一下，这个办法行不行？”

有的孩子问：“找不到梯子怎么办？”我说：“假如旁边正好有架梯子，你放进缸里，他能自己爬上来吗？”多数孩子都点头，坚信能爬上来。我问一个持不同意见的孩子：“你为什么认为爬不上来？”他说：“水一淹人就糊涂了。”我朝着全班问：“谁被水淹过？”有几个孩子举起手来，我叫起一个请他讲讲被淹的感觉。他说上不来气，使劲咳嗽，特别难受。于是我讲了一个人掉进水里瞬间可能会出现哪种情况。在我讲完后，全班同学便否定了这个方案。

这时有个孩子举起手大声地说：“我有一个办法，我爷爷说，他年轻的时候放马，拿根挽了扣的绳子一甩，就能套到马的脖子上。我们用这种办法把他套上来吧。”

我说：“这个办法似乎不错，好，我们再来讨论，行还是不行？”

有的孩子说：“我们谁也没有套过马，套不准落水的小朋友。”有的说：“小朋友在水底下，绳子扔进缸里会浮在水的表面，根本套不到他的脖子。”这时候开始发生争论，有的说绳子在水里能沉下去，有的说不能。我说：“关于这个问题回去与你们的爸爸妈妈找找书，查一查看，绳子在水里有没有浮力？是沉在水下呢，还是浮在表面？

我们现在假定，第一，那个落水的小朋友在水里肯定是胡乱扑腾的，他的头、手、脚全在乱动，你把绳子扔进水里，即使能够沉得下去，也很难套上，是不是？要是运气好，套到他的手上或者脚上，就说明还有点希望，要是套在脖子上，会出现什么情形呢？”有个孩子站起来说：“会勒得上不来气，会把那个小朋友勒死的。”我说：“对，要是出现这样的情况，我们还是不能达到救人的目的，大家还有什么办法？”

人常说“急中生智”，他这是“急中生愚”。

但是，“智”从哪里来？从“愚”中来。即便是想出了最最蹩脚的办法，也会刺激智慧的成长。

请把抢救写成故事

这时候，孩子们急得不得了。有的说打 110，但是这个办法也被否决了，因为这需要很长时间，等 110 来可能会超过 15 分钟。有的说快去喊爸爸妈妈，也被否决了，因为万一找不着，时间也被延误了。

由于所有的办法都不能解救这个孩子，全班所有孩子，都被激起了想方设法去救的热情。因为时间关系，我不能让每个孩子都把他们的办法陈述一遍，更不能每种办法都要拿来讨论，怎么办呢？这时候，最好的办法就是找一种方式，让每个孩子有一个表达自己想法的机会。

我就说：“现在，请把你们救这个小朋友的过程写下来，写成故事，要写得非常有趣。”孩子们说：“老师，我们不会写字。”的确，6 岁的孩子大多不会写字，或者只会写很少的字。我说：“那就写拼音吧。”他们说：“拼音也不会写。”我说那就画圈。孩子们一听，“哇”的一声大叫，拿起纸四面散开，一个个煞有介事地写了起来，那种快乐、享受，你要是见了肯定会激动坏的。

圈圈来了大吃一圈

只一会儿就交上来了，我很认真地拿起第一篇“文章”，开始念：圈圈圈，圈圈圈圈圈……

孩子们哈哈大笑，因为他们从小听惯了爸爸妈妈读故事，没有听过这样读的——圈圈圈……

孩子们问：“老师，他写的什么呀？”我说老师也不知道什么意思，咱们中国字，一个字代表一个意思，这个字多一笔少一笔念法就不同，画成圈我们便不知道是什么意思了。

我是把“文字”“认字”“表达”这样的观念输送给孩子。

有些家长对早期教育的理解大都是逼着孩子认字、计算、背唐诗，孩子早就被逼得不耐烦了，几乎全对认字这样的事情不感兴趣。而我呢，采取相反的方式，制造他们对于认字的渴求。我要他们知道圈圈跟字是有差别的，让他们产生用字代替圈的需求——认字的需求。

我说：“中国字是由一些不同的笔画组成的，一个字代表一个意思，几个字组合到一起就是一个词。比如，‘蜡’这个字，要是光说蜡，我们就会想到蜡烛；当它跟‘笔’连在一起的时候，我们就会想到‘蜡笔’。‘小’给我们的联想是一丁点儿，不大。‘新’使我们想到一个崭新崭新的东西，是不是？四个字单独理解就是四个意思，但是放到一起，我们会想到什么呢？”孩子们一下反应过来了，齐声喊：“蜡——笔——小——新！”我说：“但是，这位同学写的这篇文章上面没有字，只是圈，他说的什么意思呢？我们不知道。”

我边说边往下翻，翻了一张正好上面有字。我说：“哟，这张上面有字，老师给你们念吧：圈圈来了大吃一圈。”

孩子们一听，笑得前仰后合。我说：“谁是作者？能不能解释一下？”这时站起来一个小娃娃，说：“老师，我写的是‘爷爷来了大吃一惊’。”孩子们笑得更厉害了。

这个时候我问：“谁会写爷爷的‘爷’？”

有一个孩子上来，写了一个字，我说这是“也是”的“也”，孩子们“嗷”的一声。又上来一个，写了一个字，我说这是“树叶”的“叶”，又引来“嗷”的一声。

其实，在这样的过程中，他们已经把“也”与“叶”认识了。

这时，孩子们有些等不及了，喊道：“老师，‘爷爷’的‘爷’到底怎么写呀？”我拿起粉笔，边说边写：“爷爷嘛，老了，眉毛很浓，还有两撇长长的胡子交叉在胸前，腿上插着一把刀，去山上砍柴。”孩子们哈哈大笑，说：“就这么简单？太简单了！”我说：“别看简单，你们肯定记不住。”他们说：“哼，小菜一碟。”我把黑板擦放在字的旁边，说：“那我擦了？”其实是给他们一个再记一下的机会。

当他们说“擦吧”的时候，我真的擦掉了那个字。

我让他们把“爷”字写在自己的纸上，他们歪歪扭扭全都写出来了。我“哇”的一声，说我输了。孩子们高兴坏了……

司马光砸缸

我说：“其实，今天我们讨论的这件事真的发生过，一千多年以前有过这样一个小孩，他跟几个小朋友出去玩，一个同伴不小心掉进了缸里。这件事被一个人写成了文章，老师现在就把这篇文章读给你们听听，你们注意这篇文章画了几个圈。”

我刚开口读了题目，他们就说：“噢，我们知道了，这个人叫司马光，他把缸给砸烂了。”

他们以为知道结果就够了，还不能上升到对于人类文化的欣赏，老师做的就是要让他们在这方面得到提升。

这时我说：“我们接着往下听，看看这个人写的故事，好不好？”在我读的时候，全班静悄悄的，你会感觉到孩子对这篇文章的赞叹，他们把整篇文章一字不落地全听进去了。

同时我发现，这时候把课文展示给孩子就会产生最佳效果，就会使他们融入文章之中，产生审美情趣。一个带有审美、欣赏态度的人与一个没有这种情感的人面对一篇文章时是完全不同的，而传统教育最容易忽略的就是这个方面。先让他们讨论，让他们写作，朗读作文，然后，展示课文，这样就能让他们与自己的文章进行比较，就会知道课文好在什么地方了。

读完了，我听见一个孩子对另外一个说："这篇课文一个圈圈都没有。"我说："大家认为这个名叫司马光的小孩怎么样？他是不是特别聪明、智慧呢？"孩子说是。话音刚落，就见一个孩子举起手来。我问他有什么事，是不是尿急了要上厕所，没想到他说："老师，我认为司马光也不聪明。"

我一听，不得了！就笑着问："你有更好的办法吗？"他说有，我们几个小朋友可以一起用力把缸推倒。我说："这个办法的确很棒，人得救了，缸还能用，人缸两全。"

全班孩子欢呼起来，都觉得这个办法的确要比司马光高明许多。

愉快的认字方式

欢呼了一番，我说："念课文之前同学们也写过一篇文章，可是几乎全是圈圈，你们听了刚才的课文，人家一个圈圈都没有，这说明写文章需要认识很多的字，没有字就写不了文章。大家都有许多不会写的字，咱们得慢慢学。今天老师采取击鼓传花的方式，我敲黑板，你们传花，花传到谁的手里谁就有权利向老师要字。"孩子们高兴地喊着："行，行。"这真是个愉快的认字方式，孩子们一下子乐在其中了。三位得到要字权利的孩子站起来，幸福地站在讲台上。我说：

“要字只能是他们三位的权利，其他同学不许看，要把眼睛捂上。”

我知道，我越不让他们偷看，他们越会想方设法地偷看。

第一个孩子要了个“警察”的“警”，我说：“哇，这可是中国字里面最难的字了，它由这样一大堆零件组成，你肯定记不住。”他说：“哼，小菜一碟。”我说：“我可写了？这个字先是一个草字头，下面一个‘一句话’的‘句’，看，已经这么多了，这还没完；在它的旁边还有一个反文，还没完。”我加重了口气：“在这些底下还有一个‘语言’的‘言’。”写完后我说：“噢哟，这样一大堆，你能不能记住？”他又说小菜一碟。我发现，通过这样一种方式，我把孩子对于多笔画字的恐惧给排泄掉了。

对孩子而言，如果他对哪件事心怀恐惧，要是你先说出来，就能使那种感觉淡化。比如，一个孩子摔了一跤，你要说不疼不疼，他就会觉得很疼。你要是说一定很疼，他就会觉得没那么疼。就像这个孩子，当我那样说过之后，他说：“太简单了。”

就这样，这三个孩子每人要了五个字，在他们要字的时候，其他孩子早就从指头缝里偷着看了。

之后我问：“我们班同学谁有魔法，捂着眼睛也能认识黑板上面的字？有没有？”几乎所有的孩子都举起手来，我故意表示出吃惊：“哇，这么多有魔法的！我来试试。”

每个有“魔法”的孩子都读了一个字，这样他们又把所有的字认了一遍。

到下个周末，我把那些字又写在黑板上，孩子们大都认得。听家长说，从这以后，这些孩子就对认字产生了兴趣，每人身上或多或少都出现了认字敏感期，不管到哪儿，见了字就认，就问，就读。

你看，正像那位教育家说的，课堂的作用不在传授，而在激发。激发才能产生兴趣，有了兴趣也就有了动力，这个动力是干什么的？就是要将所学变成经验，完成一个实体化的过程。从品格到知识，都在这个过程当中，创造、想象、参与全部包含在这个过程当中。一个好老师之所以好，是因为虽然他有一个总体的设想，但在实施的过程中不是硬性地控制，不是完全按照老师的思路，而是顺着孩子的思路。就是说，这个课堂不是由老师推动，而是由学生推动。

第十章

教育，还是招数

教育要有完整的体系，不能只有零碎方案，也不应该由功能来命名，这样只会分割了整体，比如，成功教育、自主教育、情景教育，等等。我认为教育只有两种，一种是趋向于正确的教育，一种与此相反。除此之外再没有教育。

1 上帝安排的音乐

/侯瑜（7岁半）作品

打骂来自打骂的惯性

以上所讲，意在说明什么是真正的教育。我认为这个问题相当重要，因为你如果不知道什么是真正的教育，当一种新的教育冒出来的时候你就不会进行准确判定。

前些年，在我国出现了许许多多的教育理念，这些理念我们该怎么看待？它们属于哪种性质、哪种档次？这些都需要我们准确地进行判定，只有做到这一点，才能合理地取舍与吸收。

就拿赏识教育来说，我认为周弘先生对中国教育的贡献很大，他的努力改变了一批成人对待孩子的态度，这对孩子来说非常重要。

孩子是需要被赏识的，赏识是一种关爱。想要做好这一点，家长首先应该提高自己的心理承受能力。比如，孩子在学校出了事，老师把家长叫去训了一顿，回到家，家长能不能心平气和地对孩子微笑？能不能平等地、在不剥夺孩子尊严的情况下与孩子讨论问题？有些家长做不到，他们会劈头盖脸地将孩子打骂一通。

有位母亲说："李老师，我做不到。"有这样一位母亲，她的儿子很淘气，总惹事，每次出事老师都要把她喊去告状，回到家她都要打孩子。结果打成了习惯，天天打，没有一天不打。她的打骂似乎不是为了打骂，而是由于有了"打骂"这样的惯性。最后孩子干脆不学了，不喜欢任何事情。我说："你把孩子打成这样了，问题还是不能得到解决，为什么不想着换一种方式呢？"她说："李老师，我也不想打，可我忍不住啊。"我说："你必须得忍住，坚决不要打孩子。

等你能够做到不打孩子之后，再试着采用一下赏识的办法，比如，今天老师找你告状了，你回来跟你儿子说：‘老师说你最近表现不错，上课已经能听十分钟了。’”她说：“这哪行呀，明明老师把我叫去批评了，回来一见他就一肚子气，让我怎么做到？”

我说：“你用你的方式不但没有效果，反而给孩子造成了其他的问题，你的孩子已经陷在泥潭里了，你是要把他往上拉呢还是往下踹？”她说往上拉。我说好，那就从现在起，至少不要再打孩子了。

惯性来自心中的蒙昧

这位妈妈身体很好，红胖红胖的，胳膊那么粗，经常笑嘻嘻的。我就想：这么快乐的一位妈妈怎么忍心打孩子呢？如果说她的打骂来自打骂的惯性，这个“惯性”又从何而来呢？来自她的内心，心中的蒙昧，教育的误区。

她告诉我孩子一天不打都不行。老师经常告状，孩子上课从来不听讲，她气得不行，就打，把孩子送到我这里不是为学画，是专门让我挑毛病的。孩子一开始干脆不进教室，在外面荡来荡去，无聊得不得了，拿几个珠子弹来弹去。我也过去跟他一起弹珠子玩，他说：“你玩得没意思，我不跟你玩。”他特别讨厌成人。

在我跟孩子的妈妈那次谈话之后，过了一个星期，她又来找我，说：“李老师，我都一个星期没打儿子了，他怎么还没变好？”我说：

“你坚持四个月不打孩子看看有没有作用？你不打，四个月之后你的孩子才能出现变化，比如说，开始撒娇、胡闹……当出现这些症状时这才算有救。你回去，坚持不要打。”

又过了一个星期，我正在做家长咨询，看见她气势汹汹地上楼，一头就往教室里冲，我说：“停下停下，你干什么？”她说听到谁谁谁的女儿说她儿子在教室里不画画，光玩。我说：“你儿子以前连教室都不进，现在终于坐在教室里了，你难道看不到这一点吗？你不能只见树木不见森林。”她说：“唉，我听了实在气得不行，想看看到底怎么回事儿。”我说：“你回去吧，而且，你儿子回家之后不要问他这件事。”

后来，有一次家长沙龙之后，她对我说：“李老师，你让我别打儿子，我一天到晚忍着，憋得难受。”我说：“你把你身体吃得这么好，好像专门为了打儿子的，要是我天天这么打早累倒了。你知道这个世界上谁能救你儿子吗？只有你。我来监督你去救他。你还是听我的吧，别再打了。”当时好多家长在场，都说：“你就听李老师的吧。”

我说的一点都不过分，因为天天挨打，她的儿子完全麻木了，挨打完还是那样。她不解恨，就用毛衣针戳他。

这位妈妈看了关于赏识教育的书，也听了我的讲座，所有的道理都能明白，就是做不到。

可见，除了提高心理承受能力，家长还需要智慧，高度的智慧，这是做好赏识教育的另一大难点。

蒙昧制造不良的后果

一个好的方法，使用它的人如果没有脱离蒙昧状态，必定会制造不良的后果。有位父亲总是不分场合、事件、轻重地夸奖孩子，结果呢，他 6 岁的孩子开始出问题了。老师在上面讲课，无论讲什么他都在下面说“你讲的都是狗屁”，其他孩子回答问题，他也说是“狗屁”。

我对孩子的爸爸说：“你的赏识有问题。赏识必须要找到具体所指，避免笼统地夸奖，要帮助孩子发现做得好的地方。比如，孩子做了一件事，这件事里有一部分做得很好，你就要具体指出来，用配对的语言，如这个地方很不容易做到，你竟然做到了。不能泛泛而论，如太棒了、你太聪明了，等等。

孩子写了 10 个字，你可以说：你这 6 个字写得真不错。这样孩子就会用 6 个写得好的字与 4 个写得不好的字进行比较，知道什么是好、什么是不好。如果说：呀，你今天写得真是不错，而不说哪几个字不错，孩子就会以为所有的字都写得不错。你要是每次都这样说，时间一长，你的孩子就觉得自己永远都对，觉得别人都不如自己，容不得半点批评。”

一些家长就连需要赏识的事件都认不清，更别提怎样赏识了。当你连需要赏识的事件都辨认不清的时候，怎么做到正确地赏识呢？人们一般都将赏识当成只有正面一种方式，这是对赏识的误解。赏识，既可以正着来，也可以反着来，既可赏识他的优点，也可以从他的缺点中找到赏识的契机。我觉得赏识可以很宽泛地运用。一位妈妈跟一个不爱学习的孩子做题时可以故意把题做错，从而调动起孩子学习的兴趣，这也算赏识。示弱是一种很好的赏识方法。当一个孩子发现成人竟然也有犯错的时候，他会很激动的。我给 5 岁的孩子进行人体结构知识的输入时，故意画了一个没有脖子和身子的人，四肢直接长在头上，我说："看，这是老师的自画像！"孩子兴奋得不得了，说："老师，你没画脖子。他们一下便对人体结构发生了兴趣。"

示弱是一种很好的赏识方法，而且，还要专门赏识孩子弱的地方。比如，我的儿子停学之前，他在班里的人际关系不太好，经常受同学欺负。后来上了学，我特别害怕旧剧重演。我跟他讲："妈妈觉得你在处理人际关系方面很有办法，这一点甚至比爸爸都厉害，你爸爸一到生人圈子里，总是不能很快与别人融合到一起，你肯定能让周围的人跟你成为朋友的。"没多长时间，他告诉我，说连班里最捣蛋的同学都来找他聊天。

上帝安排的音乐

在某种情况下，就得采用正面的赏识。有个名叫王双喜的孩子，11 岁了，被父母折腾得糊涂到什么都听不懂、什么都不感兴趣的程度，根本不会使用自己的大脑思考问题。就像他的手一直被绳子绑着，从来没有使用过一样。有节课的主题是"奇怪的香水瓶"，非常有意思，其他的孩子都能创造出独特的香水瓶，什么吸盘香水瓶呀，什么多功能香水瓶呀……王双喜竟然一点反应都没有，他在纸上连一根线条都画不出来。

到了叙述的时候，每一个孩子都迫不及待，因为这种时候最能表现自己了……比如，那个吸盘香水瓶，你还没注意，叭的一下就吸到你的鼻子上了；喷气香水瓶，如果不小心按错了按钮，就会喷出一股臭气。孩子们一个个上来，滔滔不绝，王双喜呢，无论怎么劝还是不动窝。劝到最后，干脆伏到桌子上，把脸埋在胳膊里面。

这个孩子是我们想的办法最多，下的功夫最大的一个孩子，几个月他都没有大的改变，直到最近有一次，班里搞时装设计与模特大赛。孩子排成队，一个挨一个轮着上，轮到他了，我们都担心他不上，可能是氛围的缘故，他竟然把一件衣服勒到腰里头，慢腾腾地上去了。他走得慢，正巧赶上慢节奏音乐，是那种轻轻的、柔柔的、懒洋洋的音乐。他的姿势呢，就像被谁打了一顿马上就要倒下去了似的，两腿叉开，脚慢慢地蹭着，仿佛刚尿了裤子，跟音乐非常协调，正好合上那种节拍，好像这段音乐就是专门为他弹奏的一样。现在想起来，要是他碰上的不是这段音乐，而是一段节奏很快、很激烈的音乐呢？肯定是另一种结果。

可是那天，真好像是天意，他正好碰上这样一个机缘。磁带走到那儿正好就是这段音乐，就像上帝安排好了似的。

当时，我给任课的老师挤了一下眼睛，对方马上心领神会，就说："哇，王双喜终于放开胆子了，他的表演太棒了，我们应该为他的勇敢鼓掌！""哗"，一通掌声，一下子把他的自信心找了回来。

当然，正面的赏识一定要在点子上，要是王双喜那天碰上一段快节奏音乐，动作没有做好，要是你说他做得很棒、给他鼓掌，他会认为你是在故意赏识他，反而让他更加自卑。我们有过这样的教训，有一节课设计香水瓶，他什么都没画，没办法，任课老师帮他画了，我当时不知道。我去的时候所有的画已经贴在黑板上了，我一幅挨着一幅看，看到那幅画时心里很吃惊，随口说了句："呀，王双喜今天画得真棒。"班里有个孩子大喊："是老师帮他画的！"王双喜一下子趴在画板上，再也没有抬头。

模特大赛之后，王双喜一下子就放开了，开始往孩子中间钻，甚至还跟同学打架，放学时，一声不吭地帮着老师收拾教室。他的妈妈也一下子满脸阳光灿烂，孩子的学习也开始好转，画画也自信了，以前他是一笔都不画的，也不思考。

记得有一次我问："王双喜，老师问你，有一头毛驴过河，身上驮着一袋盐，不小心掉进水里，上来以后感觉变轻了，为什么？"他一脸茫然，答不上来。旁边有个老师提醒，说："王双喜，驴身上驮的是盐，不是石头。"他这才明白过来，说可能是盐化在水里了。我又问："后来，这头驴又要过河，这回驮的是棉花，也掉进水里了，上来感觉变重了，又是为什么？"他想呀想呀，最终没有想出来。

像王双喜这种孩子，一放开，往往会走向另一个极端，因为他在治疗他的创伤，在自我修复。除了打架，他还会见了所有的老师都往身上靠，那么大一个男孩，坐在老师腿上，让老师抱着，他觉得中心的老师都应该对他好，如果哪个老师不够重视他，他就会闹情绪。

开始这样是被允许的，但时间不能太长，必须"断奶"，断的过程要注意方式方法。比如，他闹情绪时可以假装没看见，然后找个机会不经意地关注他一下，使他与其他孩子一样。他刚开始跟同学打架时我们都高兴得不得了，后来就开始制止了，但要讲究方式方法。

再往后，他已经和其他孩子一样了，不再需要单独关注了。

你今天真酷

赏识本来是教育的基本手段，为什么在中国作为一个问题专门提了出来呢？

这是因为我们没有这样的传统，我们的传统是虚心使人进步，骄傲使人落后，成人害怕赏识会让孩子骄傲，会变“坏”。我们从不把骄傲与自信、自主这些联系在一起。过去，我们很少有像西方那样彻底研究孩子的专家，很少有人能将对孩子的了解、对教育的把握深深地渗透到灵魂里。所以，在我们国家，真正的教育推行起来很难，因为没有基础，要建立这种基础不是一代人能够解决的，我们这代人只有很少一部分才能在观念上有一些改变，然后，下一代人，甚至再下一代，才能有大的成效。

我看过一部外国影片，里面有个 7 岁的小男孩，爱上了面包师的女儿。那个姑娘已经 20 多岁了。为了能见到她，他每天放学都要到面包店买一个面包。有一个镜头，男孩在走进面包店之前，将两块糖塞到嘴里，使两个腮帮鼓起来，再戴上一副大人的墨镜，做出很酷的样子，可笑极了。但是面包师的女儿没有丝毫的嘲笑，只是很平静地说：“噢，你今天真酷，晚上请我吃饭吧！”男孩学着大人的样子说：“没有时间。”姑娘就说：“噢，求你了，求求你了。”小男孩拿出大男人的架势，说：行吧。

一个卖面包的姑娘，不是个教育家，连教师都不是，却知道在这种状态下该怎么做，根本没有显示出任何吃惊与嘲笑的意思，这也是一种赏识，是吧？

有一次，这个姑娘到男孩家开的餐厅送面包，男孩上前去打招呼，发现姑娘眼睛哭得又红又肿。他问怎么啦，姑娘不吭声，放下面包就走了。这时，有个人说：“肯定是和她男朋友闹矛盾了。”小男孩着急地说：“我是她的第一男朋友！我将来要跟她结婚！”他的妈妈这时候走过来，说：“先去洗澡，把耳朵洗干净，结婚还早呢。”

你看，在电影中的那个文化环境里，似乎每个人都知道孩子是怎么一回事，该怎么做，这就是传统。要是我们遇到这种事情会怎么样？好一点的，会嘲笑一通，把能表示好笑的表情全做出来。差一点的，就会大吃一惊，继而严厉地训斥：怎么这么小就想这种事情啊？

其实，6岁的孩子正是婚姻敏感期的初始阶段，对结婚这件事特别好奇，开始注意异性，不管是大是小，也不管伦理关系，只要觉得喜欢你了就要跟你结婚。比如，“我长大了要和小姨结婚”“我要和爸爸结婚”。我们的家长一般听到这种话就会吓坏了，觉得孩子是不是出了毛病。有个笑话是儿子对父亲说，他将来要跟奶奶结婚，父亲很生气，说：“你怎么能跟我的妈妈结婚呢？”儿子反问：“你能跟我的妈妈结婚，我怎么就不能跟你的妈妈结婚？”

2

工厂流水线上

/ 王宇阳（6 岁半）作品

千分比、万分比

很多年前有一本书，名叫《卡尔·威特的教育》，书中介绍了作者的教子心得，好多家长拿来照搬，但是据我了解，假如有100个家长使用了这种方法，100个都不会成功，甚至说到成功，不能用百分比，要用千分比、万分比。

卡尔·威特是一个什么人呢？是个知识全面、修养很高的人，科学、艺术、历史、地理什么都通，而且他是一个牧师，闲暇时间很多，几乎把所有的精力都放在孩子身上了，所以才培养出了孩子的种种才能。

要是我们的家长能达到卡尔·威特那么高的文化水平的话，当然可以去效仿，要是达不到，后果就会不堪设想，会比不用这种方法糟糕得多，会把孩子心智成长的自然规律全部破坏掉，又在知识方面不能给孩子建构起来任何东西。比如，手的敏感期你不知道，就不会去发展这方面的能力。卡尔·威特这方面的知识很丰富，他很早就懂得胎教。那时，人们都以为孩子在妈妈肚子里是一片寂静的世界，什么都不知道，什么都听不见，其实他能听见各种声音，到了出生之后再重新利用视觉将以前听到的声音协调起来，这种混合信息的过程会使大脑得到发展。但大多数父母都把这个时期给错过了。

卡尔·威特

卡尔·威特是200多年以前的人了，在那个时代，欧洲的教育比我们现在的教育要糟糕得多。实用性、目的性太强，方法上比较死板严厉，体罚很严重。这里有份资料，有一位德国老师，他竟将自己在教师生涯中体罚学生的方式与次数全部做了记录：用藤条打学生911527次，用棍子打学生124010次，用戒尺打学生20989次，用手打学生136715次，打耳光7905次，打嘴巴10235次，打头部1115800次，用课本打学生22763次，罚学生跪豆子777次，跪三角板613次，戴愚人帽3001次，举棒1707次。有所学校的校长想用罚金替代体罚，结果遭到全体老师的反对，他们高喊：去你的罚金，棍子万岁！校长只好屈服。

卡尔·威特很反感这种教育，他自己设想了一种既不使孩子感到痛苦，又能使孩子喜欢学习的方法，而且学习的速度要比当时学校的教育快几倍，可是没有人听。他就想在自己的孩子身上使用。可是他的第一个孩子不幸夭折了，这对他打击很大。后来，好不容易他的妻子又怀了孕，他就特别注意，从怀孕期就开始注意，就像现在的胎教。就是现在看来，他的方法也仍不过时。

比如，他要妻子保持心情愉快，有天他出门不在家，另一位妇女的孩子死了，到家里找他妻子哭诉，等他回来，发现妻子很伤心，就后悔自己出门了，因为这件事影响了妻子的心情，对孩子不好。为了使妻子始终保持良好的心情，他养了许多小猫和小狗。

由于这些动物身上携带病毒，孩子一出生就失去了健康，浑身抽搐，反应麻木，这就更增加了他用自己的方法教育孩子的决心。孩子9岁时，许多学科都达到了很高的水平，小小年纪就考上了大学。

他的方法主要是教机，即把握或制造教育的机会。教机就是孩子感兴趣的那个时机。当孩子对某一事物感兴趣时，教育的机会就来了。

比如生物知识，一个人如果只待在房子里，他就不可能获得关于大自然方面的知识经验。卡尔·威特带儿子去散步，路边草丛里突然跳出来一只蚱蜢，他会跟儿子一起去逮，这个逮的过程会使孩子特别兴奋，也为研究提供了前提。一般孩子逮住蚱蜢之后只是把它胡乱折腾一通，因为没有成人引导，那么观察、研究也就无从谈起。卡尔·威特却能在孩子激动得哇哇大叫的时候利用这种机会，与他一起观察、分析、研究蚱蜢的特性、结构等，一边研究一边适时地介绍生物学方面的知识。但是孩子并没有意识到这是学习，他只知道自己在玩，而且特别好玩。就这样，他的孩子由对昆虫的兴趣逐渐扩展到动物，再到其他生物。

再比如音乐，他想为孩子培养起音乐方面的素养，不像我们硬逼着孩子弹钢琴，而是首先让孩子感兴趣。他用钢琴与孩子玩游戏，比如，将一件玩具藏起来，让孩子去找，事先与孩子商量好用琴声的高低来表示距离玩具的远近，要是孩子离玩具近了，他的琴声会越弹越高，要是远了，琴声就越来越低。直到有一天，他的儿子突然走到钢琴前面去按琴键，以前他只是对琴声表示出来的意义感兴趣，现在却对这个琴声是怎样发出来的感兴趣。你看，教育的机会就这样来了。兴趣是学习的发动机，先得让他产生兴趣，之后，才能实施教育。

工厂流水线上

从另一方面讲，卡尔·威特对我们来说已经算是古人了。那时候还没有像现在这样成熟的儿童心理学，更没有全社会共同的对于教育的不断探索。他是一个超越时代的人，他靠自己一个人的力量进行这方面的思考、试验，从这一点讲，他还是很了不起的。但是，用现在的标准看，他的教育有很大缺陷，他只是像挑战人类极限一样做了一次试验，证明有些事是可以做到的。

首先，他没有建立起一个完善的体系；其次，没有相应的儿童心理学、儿童成长机制作为支撑；还有，在品格与知识的实体化方面不成系统，更没有深入地挖掘，也就是说，他在教育核心方面做得很不够；再有，这一点很要命了，就是他在塑造孩子而不是培养孩子，从而剥夺了孩子的自然属性。从这个角度讲，按照这种方式培养出来的孩子也是一种“非人”，只不过高级一点罢了。

就是说，他的孩子是按照成人的意志塑造出来的，成人想让他成为什么样他就成为什么样，他就像工厂流水线上生产出来的产品。他太有目的性和计划性了。他完全把孩子给塑造了，孩子成为原料，他是加工原料的工人。

但是，卡尔·威特还是一位对人类教育有很大贡献的人。比如，关于潜能问题，儿童虽然具备潜在能力，但这种能力是有着递减法则的。比如说，生来具备 100 度潜在能力的儿童，如果从一生下来就给他进行理想的教育，那么就可能成为一个具备 100 度能力的成人。如果从 5 岁开始教育，即便是教育得非常出色，那也只能成为具备 80 度能力的成人。而从 10 岁开始的话，就是教育得再好，也只能达到具有 60 度能力的成人。也就是说，教育开始得越晚，儿童的能力实现就越少。

在这里，卡尔·威特使用了“教育”这样的词，并不是“开发”，潜能是不能开发的，因为每个人内心都有这种东西，只要很好地保护就行。什么是教育？卡尔·威特以为必须是知识的输入才是教育，实际上，在符合孩子成长规律的前提下，帮助他们成长才是教育。

“奉献”编织的怪圈

父母过度挖掘孩子的潜能还会出现什么样的情形呢？对于很懂教育的父母，或许经过多年的教育，能让孩子考取名校，取得更多的成就，但对于这方面能力不足的父母，就会把孩子的自然属性给剥夺了，孩子就会不知道自然状态下的童年是个什么样子，因为他从来不知道人原本的童年、自然的童年的模样，他的童年被成人剥夺了、虚构了、侵略了。这样，作为人，他便失去了自己，不知道自己是谁。孩子被培养成了一个父母理想中的人，而不是应该成为的人。从人的生命质量看，这样做无疑是不正确的；从事业的角度看，这种剥夺、虚构、侵略也是一种变相的拔苗助长，会使被教育者致力于土地以上的部分，忽略了土地以下的部分。

上一代教育下一代，不但是人类，也是许多动物的本能与义务，但是，这种教育应该有个限度，不能因为教育过度而剥夺了人的自然属性，也不能因为教育下一代而剥夺了上一代所有的时间、精力与幸福。人类要是按照这样的方式演进的话，那么上一代的生活也会被下一代侵略，他们没有个人的生活，没有放松的时间，没有休闲，没有享受，一年到头始终处于忙碌、焦虑、疲于奔命的状态。这时，你能说他是幸福的吗？如果真有幸福，也只是劳碌了几十年之后一声感叹：呀，我的功夫总算没有白费，我的孩子总算成了，我总算可以歇一歇、享受享受了。但是，我们知道，他生命中最为重要的年代早已不复存在，我们人类不能只有到了老年才有自己的生活。

这种由"奉献"编织的怪圈或许还会继续循环下去。下一代人，作为孩子时，他们的奔命程度甚至要比他们的父母严重，好不容易熬成了大人，紧接着又要为下一代奔命了。这样，上一代永远为下一代劳碌，下一代永远与上一代一道忙碌，人生的目标与意义全成了为下一代而生存，人就越来越成为一种工具，而不是一个人。我认为人类的教育应该有一种更放松、更自然、更有效的方式。

还孩子一片自由天空

据我所知，在21世纪初，卡尔·威特的教育在国外没有多少学者提起，教育者也很少完全使用，那为什么在中国却很容易引起共鸣呢?

这是因为与我们当时急功近利的心态非常吻合，我们一直摆脱不掉快速成才的情结，而且几千年来一直渴望自家孩子是神童。我们说“三岁看老”，是指孩子如果先天就是神童的话，长大就会很有出息。我们等不及孩子遵从自然规律逐渐成长为一个理想的成人，而非要在他小的时候达到这样的状态。事实上，从古到今惨痛的例子非常多。

有人说得很对：我们应该好好反思一下，是不是要把那种“制造神童”“克隆天才”的想法从我们的骨子里清除干净。教育的内涵是什么？素质的内涵是什么？我们不能把“素质”仅仅理解成考上名校的“素质”，我们对于“素质”的理解是不是应该更宽泛、更深入?

当父母希望培养出一个名校生时，孩子只好没日没夜地拼命，像个陀螺一样不停地旋转。陀螺靠什么旋转呢？是父母手中的鞭子。在实现父母愿望的同时，孩子对未知世界的新奇和兴趣、对事业的激情与主动、对生活的热爱和参与、对命运的思考与主宰就会被无情地吞噬,他们心灵中微弱的智慧闪光与力量可能会因此失去了生存的土壤。

真的，对于孩子的教育，我们应该少些精英意识，多些平常心理。像联合国《儿童权利公约》所倡导的那样，让孩子享受应有的快乐，得到充分的尊重，拥有选择的权利，让他们成为一个身体、心灵、智慧都健康的人，这才是最重要的。家长们应该冷却一下自己的热望，少一些功利色彩，多一些长远目标，还孩子一片自由的天空，这也是孩子的大幸，更是中国能够可持续发展的大幸。

教育是一件严肃的大事，家里出了名校生，不过是个案，个别的事例不具有普遍性。因为每个孩子在个性、智商、兴趣、特长以及环境条件方面都有不同之处，对这个孩子有用的办法，对那个孩子未必适合。

世界上没有两片相同的叶子，对子女的培养也需因人而异。每个人都有选择自己生活方式的权利，在通往成功的路上，如果只有一个标准，只有一个模式，这个世界是不是太单调太乏味了？不是每个人都能够成为天才，也没有必要把每个人都塑造成天才。即使你拼尽全力营造出与天才一模一样的外部环境，播下的龙种还不知道会收获什么！我认为这话说得很对。周弘先生也说过同样的话：你不要希望牡丹发出月季的香味。

孩子的潜能是多方面的，如果所有的家长都依照同一种模式培养孩子，机械模仿、照本宣科的话，将使部分孩子的有效潜能受到压制，必然在心理上形成不良影响，严重的可能要引发心理疾病。

3 贪求永无止境

/吕子凡（7岁）作品

鱼子事件

再说自主教育，多年以前有本书名为《千万别“管”孩子》，从书中看，陈宇华的父亲作为一个家长还是很不错的，她的妈妈比起来就有点问题。

比如，那个“鱼子事件”。宇华跟着妈妈到妈妈的朋友家串门，那家的孩子名叫小越，“是一个很调皮的小男孩，特别爱动，一分钟也闲不下来”。

在这里“爱动”“调皮”对孩子而言是正常的还是不正常的？从书中用词上我们可以看到宇华的妈妈认为不正常，因为其中的用词带有贬义性，这是其一；其二，这个孩子为什么要捣乱？作为成人，有没有用他们的心灵感受孩子的心灵？关注他内心的需要？家里来客人了，他想引起人家的注意，于是采用了“捣乱”这种方式，有没有这个可能？另外，小越的捣乱就是总想拿鱼子吃，这里面除了“馋”的因素之外是不是也想引起妈妈的注意？作为一个孩子，特别想吃鱼子是不是捣乱呢？

你看，这些问题她都没有注意，无论从儿童心理学的角度，还是从教育学的角度，她都没有关注。直到后来，小越的妈妈吓唬小越：“小孩子是不能吃鱼子的，吃了就会变笨。”小越被吓住了，宇华也在夹鱼的时候小心翼翼，生怕吃到了鱼子变笨。鱼子是很有营养的东西，作为孩子，无论是抢着吃还是怎么吃，吃了就行，为什么非要吓得他不敢吃呢？

这样多的问题，宇华的妈妈一点没有干涉。如果她懂得儿童心理，教育的理念是成熟的，就应该赶快制止小越妈妈的这种做法。

贪求永无止境

有一次，宇华得了长沙市三好学生，爸爸、姐姐非常高兴，为了让妈妈也高兴，让她吃惊，还事先安排了一场演出。妈妈回来了，爸爸一个手势，姐姐跟宇华唱起了“让我们荡起双桨”这支歌，爸爸一边说着“看，宇华多么了不起”，一边拿出了奖状，可妈妈只是瞟了一眼便进厨房做饭去了。当时啊，三个人别提多失望了。宇华的爸爸还求她“看一看嘛”她都不看，爸爸只好说宇华得了长沙市的三好学生，妈妈说：长沙市的？那在全国呢？

宇华的成绩基本上都是满分，家里挂满了奖状，但是妈妈从没表扬过一句，她总是说：“这有什么了不起？小学的时候要是不能得满分，就甭想考上大学！”“三好学生，一个班 40 个人就有十几个，有什么了不起的！”“嗬，全班第一就高兴成这样，怎么不和人家全校第一比呢？真是山中无老虎，猴子称大王啊！”

她的话中，全是“成绩”“学习”“最好”这些字眼，从宇华妈妈的身上我们看到的，只是对于学习成绩的贪求，这个贪求永无止境，却很少考虑孩子的心灵成长，不让孩子哪怕幸福一秒。全班第一了要得全校第一；市里“三好”了，要得全国“三好”。要是真得了全国

“三好”，宇华妈妈也不会表扬一下，因为还有全世界的，这样就没完没了了。

所以，看到这里时，我感到心里特别难受。

还有，这里面还有一个幸运，就是宇华本身是个心力很强的孩子，这一点非常重要。

与全家举杯庆贺

让我想不通的是，我们中国人为什么从古到今一直害怕骄傲呢？听说中国古人参加科考，考不上会被暴打一顿，考上了也会被暴打一顿。考不上挨打是因为没有考好，考上了挨打是让他不要骄傲。骄傲往往是与自信、舒展连在一起的，而我们的传统是要一个人夹着尾巴做人、活得灰溜溜的才算满意。

我想，就算暂时骄傲一下，比起孩子的心灵、幸福，哪一个更重要呢？宇华的妈妈当时完全可以采用一种更有人性的方式与孩子一起分享成功的快乐，比如，买一罐可乐什么的，与全家举杯庆贺，祝贺孩子得到了这样的荣誉。把孩子抱起来，大声说：“真棒，妈妈祝贺你！”要是孩子真的骄傲了，再解决骄傲的问题。比如，她的成绩掉了下来，掉到十名，甚至二十名，再问她有什么感觉？与孩子一起反思，去认知骄傲。

宇华妈妈的内心显然没有足够的力量经受这样的事，不敢用这个教机。许多家长都是这样，只敢用小教机，不敢用大教机。

再说，一个人幸福了、自信了并不一定就会骄傲，我们可以想办法既让他幸福，又不使他骄傲。我们不能天热的时候为预防天冷就天天背着棉袄。骄傲是人的生命质量比较低下的表现，如果我们真正给孩子在内心建立起很有品味的人格状态，他就不会骄傲。

骄傲了，成绩掉下来了，受挫折了，这会给孩子带来切身的体验，这件事会影响他的一生。然后反思，追赶，对骄傲刻骨铭心，来一个实体化过程，提高生命质量。

在我的经验中，许多家长都不敢表扬孩子，好像一表扬孩子肯定就骄傲、变坏似的。就像宇华的妈妈，好像给孩子一个笑容，祝贺一下，孩子就骄傲了。作为成人，做了一件出色的事，难倒大家也不能祝贺你，一祝贺你就骄傲了？

迷彩衣

在这件事的处理上，宇华爸爸显然比她的妈妈周到得多，最起码他知道应该处理这个问题，只是方法有些欠妥。

有一天妈妈在做红烧鱼，宇华见了，着急地说：“妈妈妈妈，快把那些鱼子丢了，不要吃。”妈妈只是笑笑，继续做鱼，也不解释。当吃的时候，看见爸爸夹了鱼子，宇华急得跺脚：“爸爸，不要吃鱼子！”爸爸问她为什么，她说吃了鱼子会变笨的。爸爸问她谁说的，宇华说是小越的妈妈说的。爸爸说："你试过了没有？"宇华说没有。爸爸说别人说的不一定正确。意思是，只有亲自试过了才能算数。

宇华爸爸的这番话用在其他方面是有道理的，用在这里就不适合了。为什么呢？吃的东西是不能随便让孩子试的，万一有毒怎么办？鱼子没有毒，这你知道，而且让她试也在你的监控之内，但万一不在你的监控之内，孩子也去试一种吃的东西、一种有毒的东西，就会造成严重的后果。宇华的爸爸不分性质、场合、大人还是孩子、不管适合不适合，把一个"道理"拿来就用，这就有些误导了。这样做极有可能导致孩子不管什么事情都会以"身"试"险"。

宇华爸爸的说法不仔细琢磨很难分辨出其中的错误，因为它外面罩着一件迷彩衣，那就是"自主"。让孩子建立自主精神固然重要，但得有个边界，尤其是涉及生命安全时，应特别注意。

框架之中

说完这些后，宇华的爸爸讲了一个故事：小马过河。小马要去看外婆，到了河边不敢过，因为不知道水深还是水浅。这时候过来一只小兔子，小马向它打听，小兔子说河水太深了，差不多有两个我这么深呢。于是小马被吓住了。一会儿又过来一头老牛，小马向它打听，老牛说："哟，这哪叫河呀，充其量不过是条小溪嘛，连我的腿肚子都不到。"小马这下更拿不定主意了："一个说深，一个说浅，到底谁对？”它站在河边徘徊来徘徊去，直到外婆等不及了，来找它，问它为什么还不过来。小马只好以实相告，外婆说：“嘿，你这孩子，下去试试不就知道了吗！”小马下去，发现这条河既不像老牛说的那样浅，也不像兔子说的那样深。

表面上看，这个道理是对的，但是，宇华的爸爸和小马的外婆同样忽略了这样一个事实：无论是宇华还是小马，还没有发展到能够推理出这种逻辑的年龄。外婆批评小马：兔子那么小，当然认为河深，老牛那么大，当然认为河浅。这个道理要是没有大人的帮助，孩子是没有能力推理的，就像几个月大的婴儿，在看见一个物体时，如果不同时看见自己的手，他就不知道怎样去拿那个物体。一个说河浅，一个说河深，小马糊涂了，采取等待的方式，这对一个没有推理能力、没有经验的孩子来说是智慧的，外婆应该肯定小马才是。而宇华听说吃了鱼子会变笨，不敢再吃，也可以说是智慧的，这是人的自我保护机制。

动物都有自我保护的本能与权利。在没有给孩子输入正确概念的前提下，不能让一个孩子用自己的生命去做试验。

在爸爸的激励下，宇华终于夹起了一粒鱼子，闭上眼睛放到嘴里，一脸紧张的样子，半天才慢慢睁开眼睛，看着爸爸说：“我变笨了吗？”再后来，爸爸出了一道算术题，还让宇华背唐诗，宇华完成得很好，以证明自己没有变笨。

就算是中毒，也不是所有的毒效都会在瞬间发挥出来，有些得过上一小时，有的可能要过几天甚至几个月。这个阶段的孩子正是概念形成的时期，宇华的爸爸又给她输入了一个错误的概念。

教育要特别注意这个概念形成的过程，给孩子输入正确的概念：这种鱼子，爸爸妈妈已经吃过好多遍了，它是不含毒的，我们的脑子并没有变笨。先给孩子一个定心丸，这是一。然后给孩子输入如果要试也要保证不会危及生命，决不可拿生命当儿戏这样的概念。

这本书，就我前面看到的这一部分而言，有不少误区，比如，还有那个“糖醋鱼事件”中的傻媳妇的故事，丈夫让妻子做衣服的时候只说要做得一模一样，并没有说不挖那个洞，妻子是依令而行的，怎么就成了死脑筋了呢？宇华爸爸这样说，只能把孩子引进他的思维状态、他的思维框架之中。

在心灵方面，漏掉的就更多了，他没有让孩子不仅要用思维分辨，更要用心灵去感受，心灵与心灵之间的互动是高于思维高于智慧的，这些都没有注意到，他的注意大都集中在自主呀、思维呀、灵活呀这些方面。

4 教育，还是招数

/ 李续续（4 岁）作品

在底色前面

回到本章开头的问题：对于许许多多的教育理念，我们应如何看待？我的看法是，这些概念是对的，但我们在讨论教育时，更应该把教育作为一个系统来理解，让教育建立在坚实的基础之上，比如，儿童心理学、儿童发展机制，等等。

自主呀、赏识呀、教机呀都不是教育的专利，就像“寓教于乐”不是教育的专利一样，任何教育，都应在赏识、自主、利用教机、寓教于乐的基础上进行，就像人要吃饭一样自然。

就是说，这些概念都是教育机器上的零件，是机器与零件的关系。你不能拿着零件加工产品，你必须拥有一架完整的机器才行。而且，还要看是架什么样的机器，你的零件不能安在应试教育的机器上面，要是那样，就等于把孩子从应试教育的“地狱”中解救出来，再重新营造一个应试的“天堂”。

这就像一般情况下每个人一生中只能钻研一门学科一样，但是这门学科必须有一个背景，有一个深深扎入土壤里的根。这个根就是思想与心灵，钻研任何一门学科都得有一个大的文化背景，在底色前面。

教育是一个整体

教育要有完整的体系，不能只是零碎方案，不能把一些招数当成了教育本身。一个完整的教育体系应该包括四个方面：第一，理念，你得建立一个很高的、思想性很强的理念；第二，课程设置，就是要有一套科学的、操作性很强、能够实施你的理念的课程结构；第三，教法学，就是如何将课程实施的方法；第四，心理学，就是要让你知道什么是孩子，因为我们在教人而不是在教书。教育者只有找到适合绝大多数孩子的方式，才能进行成熟的教育。

招数往往只会对某一类或某一个个体孩子起作用，对于另一类或另一个孩子不起作用。如果能让教育构成一个完整的体系，从深层进行改革，就可以真正摆脱传统教育，走入新的轨道，而且面对群体也同样适用。

教育不应该只由功能来命名，这样只会分割了整体。我认为教育只有两种，一种是趋向于正确的教育，一种与此相反，除此之外再没有教育。

但是，从另一方面讲，出现这样多的教育理念也是一种好的现象，这说明大家已经开动脑筋开始探索了。肯定还有许多人默默地探索着、建构着他们自己的体系。这样的人也会慢慢多起来，汇小河而成江海，总有一天，中国的教育会进入真正的轨道。